アマゾン式変わり続ける力

佐藤将之 エバーグローイングパートナーズ
代表取締役

大和書房

プロローグ
コロナ禍でも成長し続けるアマゾン

２０２０年の1年間だけで約40万人を新規雇用した企業。
２０２０年に「在宅勤務可能な全社員」のテレワークを実施した企業。
２０２０年以前に予定されていた新規ビジネスをすべてスタートさせた企業。
２０２０年、コロナ禍においても非常に好調な業績を達成予定の企業。
それがアマゾンです。

新型ウイルスの世界的感染拡大により、大半の企業は経済活動を停止・縮小を余儀なくされました。そんな中でアマゾンは「変化」し、しかも「収益」を伸ばすことができたわけです。

「変化」と「収益増大」。

常識的に考えれば相反する言葉です。変化するための改革や設備投資に時間とお金をかければ、その間の利益は落ちるからです。

ところがアマゾンは、この激動の２０２０年に、本来ならば相反する２つの言葉を両立させました。そこにアマゾンの凄みがあるのだと私は考えています。


本書のタイトルにある「変わり続ける力」とは、**「変わりながら収益を増大させていく力」**のことなのです。

本書は、**「アマゾンが変化と収益増大を両立できる秘訣は、いったいどこにあるのか？」**を解き明かしていく本です。

コロナ・ショックの１年間でアマゾンは何を変えてきたのか？

では、アマゾンは、コロナ・ショックの際にどれだけのことを変えてきたのでしょうか？　主だったものだけを3ページの表に時系列で列記してみます。

2020年3～5月のアマゾンの主な対応

3月

- WHOなどの国際機関との連携、様々な救援団体への寄付
- 新型コロナウイルスで影響を受けた社員に有給休暇を付与
- 「置き配」の配送オプションを使用可能に
- 教師、学生にオンラインのコンピュータサイエンス教育コースを提供
- 米国、英国、カナダ、EU諸国で時間給を引き上げ、10万人の追加雇用
- 2000万USドルを投じ「AWS診断法開発イニシアチブ」を設立。
- ドライバー就業支援

4月

- 教師が費用をかけずにオンライン授業を行うための支援
- 世界中の病院、学校、コミュニティに500万USドル相当のデバイスを寄贈
- アーティストや作家のための1,000万米ドルの支援活動をサポート
- 生活の支援が必要な人々に600万食を配達
- 新型コロナウイルス感染症研究のため、
  米国コロンビア大学に250万米ドルを提供
- アマゾン ウェブ サービス（AWS）が、
  ソーシャルディスタンスの傾向を評価する新しいプラットフォームを強化

5月

- Amazonオリジナルシリーズ
  『真の英雄たち～新型コロナウイルスと戦う人々～』が配信開始
- 臨時雇用の12万5,000人を正社員に

Amazonブログ dayone「Amazonの取り組み
——新型コロナウイルスの影響を受けたお客様、地域社会、社員の皆様への支援について」より抜粋

社員の働き方や給与の変革、追加雇用、入出荷の優先順位、物流拠点などでの健康・安全対策、感染拡大防止のための機関設立や研究支援、就業支援、学生たちの教育支援、医療従事者やアーティストのサポート、食事支援、プラットフォームの強化……社内の体制やシステムだけでなく、社会問題の解決にも矢継ぎ早に取り組んできました。

アマゾンは今や世界で約１００万人以上を雇用する巨大企業です。

にもかかわらず、コロナ・ショックを機に、これだけのことを変えてきたわけです。

ジェフ・ベゾスが社員に送ったメッセージ

アマゾンはなぜ、こんなにも次々と変わり続けられるのでしょうか？　詳しくは本書で解説していきますが、そのヒントとなるメッセージがあります。２０２０年3月24日にＣＥＯのジェフ・ベゾスが全社員に送ったEメールです。少し長いのですが、全文引用します。

Amazonで働く皆さんへ

現在、通常とは異なる状況で、大きなストレスを抱え、先行きも不透明な時を迎えています。また、同時に私たちの仕事が重要な役割を果たしている時でもあります。

現在、Amazonでは、物流や輸送、サプライチェーン、購買、販売事業者様やお取引企業様とのプロセスを変更し、家庭用の必需品、消毒液、粉ミルク、医薬品などの入荷と配送を優先しています。Amazonは、特に高齢者のような最も脆弱な立場にある方たちをはじめ、世界中の人々に極めて重要なサービスを提供しています。多くの人々は私たちを頼りにしています。

また皆さんの仕事に感謝しているのは私だけではありません。私はお客様から何百ものメールを受け取っていますし、ソーシャルメディア上でも皆さんへの感謝を伝える投稿を目にしています。皆さんの努力は米国政府機関の最上層部でも認識されており、今週の初めにトランプ大統領からも惜しみない感謝が伝えられました。

世界中の人々が、この危機に対する経済的な影響を感じており、残念ながら私自身も、事態が良くなる前に、当面は悪化していくと予測しています。Amazonは、新たに10万人を雇用しようとしており、またストレスと不安があるこの時期に受注・配達業務に従事しているパートタイムの社員の皆さんの賃上げを実施しています。その一方で、レストランやバーなどの他の事業では、閉店を余儀なくされています。Amazonは、職を失った方たちが、元の仕事に戻れるまで私たちと共に働いてくれることを願っています。

私たちが担当する重要な仕事には、在宅勤務では対応できないことも数多くあります。Amazonは世界中の拠点に勤務する社員、直接契約社員、ＦＬＥＸドライバー（筆者注：アマゾンと個人契約で荷物を配送するドライバー）に対し、清掃の頻度や精度の向上から、推奨される「社会的距離のガイドライン」に適応するためのフルフィルメントセンター（物流拠点）における業務調整まで、一連の健康予防対策を実施してきました。私たちは日々会議を重ね、このような対策のさらなる改善方法の把握に努めています。

在宅勤務ができない社員、直接契約社員、ＦＬＥＸドライバーにマスクを支給できるよう、数百万単位の注文をしていますが、いまだに大半が納品されていません。マスクは依然として世界的に不足しており、現時点では政府の指導の下、病院や診療所といった緊急性や重要性が最も高い施設へ提供されています。社会に貢献する医療関係者にマスクを最優先する必要があることは容易に理解できます。マスクが私たちに支給される時には、お客様へ必要不可欠な商品をお届けするために働く社員、直接契約社員、ＦＬＥＸドライバーに支給することを優先します。

現在、私は新型コロナウイルス感染症（COVID-19）と、Amazonが最良な役割を果たしていく方法について、すべての時間と思考を集中しています。**Amazonで働いている皆さんにも、Amazonが重要な役目を担い続けることを理解し、新しい支援の機会を探し続けていただきたい**と思います。

このような時に皆さんがどう感じるかというマニュアルは存在しませんし、現在の状況が皆さんに大きなストレスを与えていることも理解しています。私が今心配していることは、きっと皆さんも同様だと思いますが、自分の子どもたち、両親、家族、友人から、Amazonで働く皆さんの安全、同僚、重症になった人々、社会全体に広がる経済的影響によって甚大な損害を受けた人々まで多岐にわたります。

ご自身とあなたの愛する人々をどうか大切にしてください。私は、この現状を皆さんと一緒に乗り切ることができると信じています。

ジェフ

（※傍点は筆者）

ジェフ・ベゾスは、事態は当面悪化していくと予測し、このような状況下にマニュアルは存在しないと考えています。その上で社員に「アマゾンは重要な役割を担うべき存在であり、新しい支援の機会を探そう」と、存在意義と方向性を示しました。トップの明確なメッセージによって、アマゾンの社員たちは「変わり続ける」という企業文化を再認識することができたのだと思います。

日本企業が抱える「変われない」という〝病〟

一方、日本の企業の多くはどうだったのでしょうか？

コロナ・ショックを機に、会社を望ましい方向へと変化させることができたのでしょうか？　残念ながら、ほとんどの企業から「ＮＯ」という答えが返ってくるのではないかと思います。

けれども皆さんがすでにお察しのとおり、日本企業の「変われない」という〝病〟は今に始まったことではありません。数十年にも渡って、日本企業の抱えてきた大きな課題でした。コロナ・ショックで、その課題が浮き彫りになっただけなのです。

では、なぜ日本企業の多くは、長年変われなかったのでしょうか？

ひとことで言えば、**「何も変えないこと」が評価され、「変わらない人」が得をするシステムで会社が運営されている**からです。

新規事業のアイデアを出したところ、「そんなにやりたければやればいい。だが、失敗したら自分で責任を取れよ」と言われ、チャレンジの自己責任を負わされたり……。新規事業のプロジェクトリーダーに立候補したところ、「自分で手を挙げたんだから既存業務に支障をきたすな」と言われ、時間外残業で何とか頑張ったり……。

会社がそのような体制であれば、変えようとする人が報われず、「頑張るのがバカらしい」となってしまいます。

「失敗するとマイナス評価になる」という考え方は、その典型です。大手の老舗企業などでは「新しい試みをしたがらない管理職がたくさんいる」という話をよく聞きます。在職中に何らかの〝失点〟があると、その後の出世に響くから……というのですが、「そんな上司が、なぜあんなに高い給料をもらっているのか……？」と嘆き、将来に希望を持てない若手・中堅社員が、その会社にはたくさんいるはずです。

アマゾンはそうではありません。**何も変えないこと、変わらない人は、アマゾンの文化や評価では「あってはならないこと」と明確に定義されています。**だから変われるのです。

「変わらないもの」があるから、変わり続けられる

とはいえ、アマゾンは、何でもかんでも変えることを良しとしているのかといえば、それは大きな誤りです。

私は人からよく、

「アマゾンはなぜ変わり続けられるのですか？　ひと言で教えてください」

と聞かれます。そのたびに、

「それは『変わらないもの』があるからです」

と答えています。

アマゾンが変われる理由は、「変わらないもの」があるから――。詳しくは本章で

述べていきますが、本書の最重要ポイントの1つとなりますので、ぜひ覚えておいてください。

アマゾンジャパンの創業メンバーとして

1994年、大学を卒業した私は、株式会社セガ・エンタープライゼス（当時）に入社しました。そして1999年から2000年にかけてアメリカに赴任。1998年に日本で発売した家庭用ゲーム機「ドリームキャスト」を、アメリカでも販売する現地法人のサポートをしていました。インターネットショッピングで台頭してきたアマゾンの存在を現地で知り、これからはインターネットの世界に飛び込もうと決意し、2000年4月に退社。帰国し、日本で転職活動を開始したところ、「アマゾンが日本の立ち上げメンバーを探している」というオファーを転職エージェントから受け、面接へ。そして合格し、2000年7月に立ち上げメンバーとして入社しました。新宿にあった8畳ほどのスペースに私を含めて社員はわずか10人。「Amazon.co.jp」のサービス開始は、私が入社してから4ヵ月後の2000年11月でした。いわば、私はアマゾンジャパンの黎明期を知るメンバーです。

そして、２０１６年まで15年間在籍した中で、サプライチェーン、書籍仕入れ部門を経て、２００５年よりオペレーション部門にてディレクターとして働いてきました。自分にとってこの15年間は「国内最大級の物流ネットワークの発展に関われた」という強い思いがあります。

アマゾンを退社後は、「エバーグローイングパートナーズ株式会社」というコンサルティング会社を設立。アマゾンで得た知識や経験、アマゾンで学んだ理念や仕組みを、さまざまな日本の企業にお伝えし、「会社を変えたい」と願う経営者やマネージャーのサポートを行っています。

このような経歴を持つ私だからこそ、「アマゾンはなぜ変わり続けられたのか？」「アマゾンが変えなかったものは何なのか？」「アマゾンはなぜ変わりながら収益を増大させられた＝成長できたのか？」「どうすればあなたの会社を変え、成長させることができるのか?」といったことを、具体例を交えつつ、皆さんに解説できるのではないかと考えています。

「会社を変えたい」「チームを変えたい」と願うリーダーたちへ

本書は、日頃から**「会社を変えたい」「チームを変えたい」と感じているものの、「いったい何をどう変えていけば良いのかわからない」**という、悩める経営者やマネージャーに向けて執筆しました。

「このままではまずい」というあなたの懸念は、きわめて真っ当なものだと私は思います。環境の変化についていけずに死に至る現象を「ゆでがえる」と表現しますが、その表現がやさしく聞こえるほど世界は激しく急激に変化しているからです。

それと同時に、「自分たちが変わらなければもはや生き残れない」という今の状況は、大きなチャンスでもあります。

創業理念の下で社員一丸となれるかもしれない。今までなら生まれなかった斬新なアイデアが生まれるかもしれない。オンラインを活用して顧客との接し方が大きく変わるかもしれない。存在意義を捉え直すことで新しい事業が立ち上がるかもしれない——そんなポジティブな変化が起こせるのも、今ならでは。そして、その先導役となるのが、あなたなのです。

本書の内容を自社の経営に取り入れてくださったあなたが、何年か後に、**「あのときこの本を読んでよかった。だから会社を変えることができたし、その後も会社を成長させ続けられた」**と言ってくださったら、著者としてこんなにうれしいことはありません。

佐藤将之

第0章 アマゾン、変化の歴史

第1章

変わらないために 変わり続ける

第2章
「いつかアマゾンは潰れる」という危機感

第3章

世界一失敗してきた会社

第4章

変化を「習慣化」するための行動・思考

第5章

「変わり続ける現場」を創る仕組み

第0章

アマゾン、変化の歴史

アメリカでも日本でも、デスク1つで始まった極小ベンチャー企業

本章に入る前に「第0章」を設けたのは、「変わりながら収益を増大させていく？　そんなのは資金が豊富なアマゾンだからできることだよね？」と読者の皆さんに思っていただきたくなかったからです。

アマゾンは1994年にアメリカのシアトルで、文字どおり〝吹けば飛ぶような〟状態でスタートしています。そして、2000年に日本法人も、設立時は8畳ほどのオフィスに10人の社員がいるような状態でした。

世界にあまたある、小さな、小さなベンチャー企業の1つに過ぎなかったのです。

ただ、そのときからジェフ・ベゾスは壮大なビジョンを持っていました。

つまり、

「資金が豊富で、人材が揃って、事業規模が大きくなったから変わった」

のではなく、「何も持たざる者」であった創業時に、

「壮大なビジョンを持ち、そのビジョン実現に向けて『変わり続けよう』と決意した」

から、世界有数の企業に成長することができたのです。

現在は、彼にとって単なる通過点でしかありません。これからもアマゾンは変わり続けていくことでしょう。

では、アマゾンはいったいどれくらい変わり続けてきたのか？

具体的な数字や私が実際に目にした景色を交えながら解説していきます。

借家のガレージで創業、手作りデスクで梱包

1994年、ニューヨークのウォール街にあるヘッジファンドで働いていたジェ

フ・ベゾスは、インターネットの利用者の増加を目の当たりにして衝撃を受けました。そして、商品のＥＣ（インターネット・コマース）のアイデアを思いつきます。そのアイデアを当時の上司に相談したところ、

「面白いアイデアだと思うよ。ただし、すでに立派な仕事と肩書きをもっている人がやることかどうかは疑問だな。よく考えてごらんよ」

と言われたそうです。そのときにこう思ったと述懐しています。

「自分が80歳になって人生を振り返ってみたとしたら、仮にこの新しい事業に失敗したとしても、さほど後悔はしないだろうと。けれども、これをやらずにいまのところに努め続けたらきっと後悔するだろうなって。つまり、人生の最も深い後悔は、Commission（委任された仕事）によって生じるのではなく、Omission（するべきことをしないこと）から生じるんだと。怖がったり、不安がったりして何もしないことが、きっと後悔を生むんじゃないかと」

ベゾスは、株のディーラーとして多大なる実績を残し、最年少でヴァイス・プレジデント（副社長）に上り詰めた会社を30歳で辞め、ワシントン州シアトルに転居しま

した。オンライン販売できそうだとジェフが考えていた商品は20ほどあり、その中からさらに5つに絞り込んだコンパクトディスク、コンピュータハードウェア、コンピュータソフトウェア、ビデオ、書籍の5つの中から、まずは書籍を選んでECをスタートさせることにしました。

そんなアマゾンの創業時の〝オフィス〟は、借家のガレージでした。起業にあたっては親にもお金を借りたようですが、インターネット黎明期にECをやるためには、サーバーの購入・維持にかなりの費用がかかったようです。また、本を仕入れるためのお金も必要です。お金のやりくりは相当苦労したようでした。そのため、書籍を梱包するデスクは手作りです。ホームセンターでドア用の大きな板と垂木を購入し、垂木に板を打ち付けて「ドアデスク」を自作したのです。

ちなみにこのドアデスクは後年、アマゾンの倹約の象徴となります。アマゾンでは四半期に一度、社員表彰を行っています。さまざまな賞があるのですが、最も権威のある賞が「Door Desk Award」です。非常に大きなコスト改善を行い、顧客満足度向上のために大きなインパクトを与えた社員に贈られる賞で、受賞者にはドアデスクのミニチュア版が贈られるのです。

創業からずっと赤字経営が続く

準備に1年近くをかけ、1995年7月に「Amazon.com」はオンライン書店としてサービスを開始しました。1997年5月には米NASDAQに上場したものの、2000年頃の「ドットコム・バブル」の崩壊を受け、株価は113ドルから5・5ドル程度まで下落します。「アマゾンは潰れる」「アマゾンの経営手段はおかしい」と雑誌や機関投資家にさんざん言われた時期でした。

ただ、2000年当時の雑誌や機関投資家がそのような辛辣な意見を口にするのも仕方のない面がありました。なにしろアマゾンは1995年からずっと赤字だったからです。これは設備投資を惜しまず行ってきたからで、開業以来初の黒字を計上したのは2001年10－12月期でした。ジェフ・ベゾスにはこのような未来が予見できていたのでしょうが、周りには「赤字続きで株価もゼロに近いのに、さらに赤字を垂れ

企業番付「Fortune 500」2020年版より トップ10企業

	企業名	総売上高($M)
1	Walmart	523,964
2	Amazon.com	280,522
3	Exxon Mobil	264,938
4	Apple	260,174
5	CVS Health	256,776
6	Berkshire Hathaway	254,616
7	UnitedHealth Group	242,155
8	McKesson	214,319
9	AT&T	181,193
10	AmerisourceBergen	179,589.1

流すのか」と映っていたわけです。

黒字転換を機に、その後はまさに飛躍的と言える成長を遂げていきます。

1999年の売上高が16・4億ドルだった企業が、2019年には世界17ヵ国で2805億ドル（うちアメリカで1936億ドル）――単純計算で実に171倍――の驚異の伸び率となっています。

アメリカの雑誌『Fortune』が毎年、企業番付「Fortune500」を発表しています。米国に籍を置く企業の中で総売上高が上位500位の企業を上から順に並べたランキングなのですが、2020年のランキングでアマゾンは、ウォルマートに次ぐ第2位となりました。２０１０年は１００位、２０１７年は12位だったので、一気にジャンプアップしているようすがよくわかります。

成長に従い、世界に与えるインパクトも大きくなりました。グーグル、アップル、フェイスブックと共に「ＧＡＦＡ」と称されることもあれば、マイクロソフトを加え、「ＧＡＦＡＭ」と呼ばれることもあります。

２０２０年5月、「ＧＡＦＡＭ」5社の株式時価総額の合計が、日本の東証1部上場企業約２１７０社の合計を上回ったと日本で話題になりました。今や世界中がアマゾンの一挙一動、そしてＣＥＯジェフ・ベゾスの言動に注目し、経済市場に大きな影響を与えています。

節約のためにカラオケボックスで打ち合わせ

一方、私が15年間在籍したアマゾンジャパンも、創業の頃は米アマゾンに負けず劣らずベンチャーマインドに溢れていました。

私が入社したのは、２０００年7月。「アマゾンが日本の立ち上げメンバーを探している」というオファーを転職エージェントから受け、面接へ行き、採用されました。「Amazon.co.jp」がサービスを開始したのが２０００年11月でしたので、４ヵ月ほど粛々と準備をしていました。その頃のオフィスは、冒頭でも書いたとおり８畳ほどの広さで、私が入った頃には10人ほどの社員がいました。８畳に10個の机は当然置けず、２人で１つの机をシェアして使っていました。

新宿のオフィスでは、会議室を有料で借りることができましたが、１時間でたしか９０００円と非常に高額でした。そのため、よくカラオケボックスを予約して、社内打ち合わせを行っていました。１時間５００円程度で利用できてリーズナブルだったからです。

余談ですが、カラオケボックスを利用した後、当時の社長が「この領収書は精算せず、額縁に入れて飾っておこう」と言いました。その額縁入りの領収書は、現在もアマゾンジャパンの本社のどこかに飾ってあると思います。米アマゾンのドアデスクの話をさきほど書きましたが、アマゾンジャパンの倹約の象徴という意味が、この領収書には込められているのです。

アマゾンジャパンの最初の倉庫は千葉県の市川市にありました。2005年、近くに倉庫を新設して移りましたが、2000年のサービス開始当時の倉庫は、ある企業が缶入りドッグフードを保管していたものを借り受けました。缶入りドッグフードは非常に重いため、倉庫の作りが頑丈に出来ています。重量のある書籍を扱うのに適していたからです。

なお、千葉県・市川市を初め、千葉県・八千代市、大阪府・堺市、埼玉県・川越市などアマゾンの倉庫は続々と新設されていきましたが、「自社保有」の倉庫は1つもありません。どの倉庫も、倉庫会社や流通業者の所有物を長期レンタルする契約を結んでいます。いわば、いずれも「お借りしている」状態です。

2000年11月の「Amazon.co.jp」のサービス開始時も、現場はてんやわんやでした。もう時効だと思いますので書きますが、当時は仕入れや在庫表示が現在のようにスムーズではなかったので、人気の商品はすぐに在庫切れを起こしてしまいました。単に在庫切れならばまだ良いのですが、「お客様には『在庫あり』と表示されていて購入してしまったのに、実際は在庫がなかった」というトラブルが起こってしまっていたのです。アマゾンジャパンの社員が近所の書店に走っていってその商品を購入し、送付するという苦肉の策を2日間ほど行いました。

このような策はそもそも対症療法に過ぎませんし、欠品の度に社員が定価で買いに行って送付していたら、それこそ大赤字です。すぐに「こんなことをしても意味ないよね」と止めましたが、「お客様のために何とかしなきゃ」という思いばかりが強くて、今思うと笑ってしまうようなことまでしていたのです。

小売り以外に、さらに2つの顔を持つ

アマゾンがＥＣサイト上で商品カテゴリーを増やしていったことは、皆さんよくご存じだと思います。「Amazon.co.jp」でも米「Amazon.com」に追随するように、2000年に書籍、2001年にＣＤ／ＤＶＤ、2003年にホームとキッチン、2004年にゲーム／おもちゃ、2005年に家電、2008年に消費財と食品……と商品カテゴリーを増やしていきました。今や開始当初の「ネット書店」という位置

づけからは、完全に脱却しています。

アマゾンの日本における2019年の売上高は、前年比15・7%増の160億200万ドル（約1兆7425億円）と言われています。


また、「Amazon.com」や「Amazon.co.jp」の商品カテゴリーを増やし、小売り事業を充実させただけではありません。アマゾンはさらに2つの顔を持っています。

1つは、デジタル配信サービスプロバイダーとしての顔。「Prime Video」「Prime Music」「Kindle Unlimited」など、デジタルコンテンツの配信を行う世界最大級の企業となっています。

もう1つは、クラウドサービスプロバイダーとしての顔。「AWS（Amazon Web Services）」という別会社となりますが、アメリカでは大企業はもちろんのことFBIやCIAなどの組織が導入しています。

日本でも任天堂、朝日新聞、ソニー、サントリー、日立、NECなど名だたる企業のほか、横浜市や浜松市などの地方自治体、九州大学や明治大学などの教育機関も導入しているようです。低価格でありながら利用者が膨大なためAWSはクラウドサービス利用の30％以上を占める圧倒的世界トップシェアとなっています。アマゾングループ全体の利益の7割以上を稼ぎ出していると言われているのです。

このように、今や日本においても、アマゾンは不可欠の存在となっています。

「1日に何個もアマゾンで注文した商品が届いたことがあります」

「以前は他で買っていた靴や洋服、食品なども最近はアマゾンで買います」

といった人もいるのではないでしょうか。

２０１８年4月から日曜日夕方の国民的テレビ番組『サザエさん』のＣＭスポンサーになったことが、日本での浸透度を象徴しています。

「今をどう捉えるか？」で今後の成否が分かれる

さて、いかがだったでしょうか？

親近感を抱いていただくために、創業時の〝失敗談〟も敢えて書きましたが、「Fortune500」の2位であろうが、ＧＡＦＡの一角であろうが、最初はどんな企業もこんな感じなのです。

たとえ「何も持たざる者」であっても、ビジョンはタダで描けますし、「変わり続けよう」と決意することもできます。

すべてはそこから始まります。

特別な企業など何1つありません。

大きなショックが世界中を覆う時代を「今こそ変わるべきチャンス」と前向きに捉え、顔を上げ、遠くを見ながら進んでいく企業が成長を遂げることができるのです。

第1章

変わらないために
変わり続ける

ロングタームでは変わらず、ショートタームで変わっていく

私は人からよく、

「アマゾンはなぜ変わり続けられるのですか？　ひと言で教えてください」

と聞かれます。そのたびに、

「それは『変わらないもの』があるからです」

と答えています。

――「プロローグ」の中で、私はそう書きました。


変わらないものと、変わらないものの関係性について、私はいつもバスケットボールの「ピボット」の動作を思い浮かべます。ボールを持っているプレーヤーが、片足

は軸足として動かさず、もう一方の足を動かす基礎技術のことを指しますが、「動かない軸足＝変わらないもの」、「動かす足＝変わるもの」のイメージです。軸足がしっかりしているからこそ、もう一方の足を３６０度自由にできるわけです。

皆さんよくご存じのように、アマゾン設立以来の変貌ぶりは凄まじいものがあります。創業当初は「ネット書店」と表現されていましたが、現在ではPrime Videoでオリジナルコンテンツを作り、フレッシュで生鮮食品を扱い、関連のＡＷＳでは世界ＮＯ．１シェアのクラウドサービスプロバイダーです。また、シアトルではAmazon Goで世界初のレジ無しＡＩコンビニをオープンさせ、アマゾンのオリジナルスマートスピーカーAmazon Echoありきのスマートホームの発売も行っています。

そのようなアマゾンを「ネット書店」と呼ぶ人は誰もいないでしょう。私ももはやアマゾンの手掛けるビジネスを何と総称して良いのかわかりません。

けれども、さまざまな新規事業に取り組み、大きな変貌を遂げていく中であっても、アマゾンで働く社員から見ると、「アマゾンらしさ」は何も失われていないと感じます。私自身も「それはアマゾンらしくないのでは?」と感じたことは15年間で一度もありませんでした。

それはなぜか?

「軸足=変わらないもの」がしっかりしているからです。

その**「軸足=変わらないもの」の象徴が、「1997年の株主レター」**です。

今やっていることの本質は1997年と変わらない

ジェフ・ベゾスが株主に初めてレターを書いたのが、1997年でした。翌1998年には98年版レターの最後に97年版レターを添付、1999年にも99年版レターの最後に97年版レターを添付……と毎年続けてきました。

なぜなら**「今年の株主レターでも、97年の株主レターでも、言っていることは同じでしょ?」ということを端的に示すため**です。

97年版レターの原文は、A4サイズ5枚の長さです。その中から象徴的なフレーズを抜粋してみます。

「Ｄａｙ1、つまり初日にすぎません」

「よりお客様個々人に合わせたサービスをご提供することにより、お客様が欲しい商品を発見するという過程そのものを加速するでしょう」

「当社にとって成功の指標は、『長期』にわたり当社が創造する株主様への価値だと信じています」

「お客様中心に考えることを何があっても継続します」

「長期的な市場リーダーシップの観点から今後も投資決定を行います」

「今後も成功と失敗の両方から学び続けます」

「一人ひとりの従業員がオーナーとして考えること、実際にオーナーであることが必要です」

「はるかに膨大な品揃えを持ち（中略）、便利で、簡単に検索ができ、簡単にカテゴリーから商品を探すことができる、１日24時間３６５日営業している店としてご提供しています」

毎年の株主レターは「例年と同じく、最初の1997年版レターの写しを添付します。毎日が1日目だからです」という文言で締めくくられています。

この株主レターが象徴しているように、アマゾンの場合「ロングターム（＝長期）」で見ると何も変わっていないのです。お客様中心の思考、長期的な視点、成功と失敗の両方から学び続けるマインドなどは、1997年と2020年でもまったく変わらず、今後も変わることはないでしょう。

けれども、「ショートターム（＝短期）」ではどんどん変わる。「お客様により満足していただくために、こんなサービスが必要ではないか？」となれば検討し、お客様の期待を裏切らない形で開始できると判断すればスタートさせます。

「変わらないもの」のヒントは創業理念にある

もしも「現状の何を変えていけばいいのか？」がなかなか見出せず、悩んでいるリーダーは、最初に「何を変えないことで会社が成長し続けられるのか？」からアプローチするのも1つの方法かもしれません。

何代か続いた日本企業のコンサルティングで私がよくお伝えするのは、

「創業者はどんな思いでこの会社を立ち上げられたのですか？　その当時の熱い思いの中に『変えないもの』のヒントがたくさん詰まっていますよ」

ということです。

創業理念には「どんな製品やサービスを世の中に提供したいのか？」「どんな人にどんな喜びを与えたいのか？」「自分たちでやろうと思った理由は何なのか？」といったことが込められています。それはあなたの会社のＤＮＡとも呼ぶべきものです。

あなたの会社の「変わらないもの」を決めたら、社員を始めとしたステークホルダーと何度も何度も共有し続けることが非常に大事です。

ジェフ・ベゾスは本当にしつこいくらい（笑）、同じことを繰り返し伝え続けています。

社員に、株主に、メディアを通じてお客様に……相手によって多少表現は変えていますが、伝えたい核の部分はまったくブレていません。そうでなければ、「変わらないもの」を変わらぬまま共有することができないからです。

あなたの会社の「変わらないもの」は何ですか？

それを再認識できたら、その「変わらないもの」を変わらずに持ち続けられるように発信していきましょう。

「変わらないもの」と「変わるもの」の境界線をはっきりできたら、変わるきっかけをつかめるのではないかと思います。

変わらないもの、変わるもの、そして両者をつなぐもの

　ロングタームでは変わらず、ショートタームでは変わっていくアマゾン。

では実際に、「変わらないもの」と「変わるもの」をどのように定義し、社内外に浸透させているのでしょうか？

　代表的なものが「ルール」「グローバル・ミッション」「バーチャス・サイクル」「ＯＬＰ」の４つです。

①不変のルール……「Customers Rule!」という標語
②不変の企業理念……Global Mission（グローバル・ミッション）
③不変の企業理念を実現するビジネスモデル……Virtuous Cycle（バーチャス・サイクル）

④企業理念・ビジネスモデルと「変わるもの」をつなぐ社員理念……Our Leadership Principles＝OLP（アワ・リーダーシップ・プリンシプルズ＝リーダーシップ理念）

4つの詳しい内容についてはアマゾンに関するさまざまな書籍で語られていますし、私の既刊でも書きましたので、必要最低限の情報量でとどめたいと思います。

不変のルール……「Customers Rule!」という標語

「Customers Rule!」を日本語に訳すと「お客様が決めるんだ！」という言葉がいちばんしっくりきます。これは、アマゾンの〝北極星〟とも言うべき標語で、アマゾンのルールはまさにこの一文に集約されています。

アマゾンでは四半期に一度、ワールドワイドで社員表彰が行われています。いくつかの賞がありますが、もっとも価値のある賞が「Door Desk Award（ドアデスクアワード）」と呼ばれる賞で、受賞者にはトロフィーの代わりにドアデスクのミニチュア版が贈呈されます。

このドアデスクは、第0章で触れたとおり、アマゾンの創業時の倹約の精神を象徴するアイテムです。そのミニチュア版にジェフ・ベゾスのサインと共に手書きされる一文が「Customers Rule!」なのです。

「私たちが決めるのではない。本当に満足できたかどうかはお客様が決めるんだ」

――これはアマゾンにとって不変のルールです。

そのお客様は満足度のレベルをどんどん向上させていく、つまり変わっていきます。このルールを遵守するためには、アマゾン自身が変わり続けなければならないわけです。

不変の企業理念……Global Mission（グローバル・ミッション）

「Customers Rule!」という世界を実現するためにアマゾンが掲げた企業理念が、グローバル・ミッションです。日本語の社是にあたります。

Amazon.comが１９９５年にビジネスを開始した際、Amazon.comは、

「We aim to be Earth's most customer centric company. Our mission is to continually raise the bar of the customer experience by using the internet and technology to help consumers find, discover and buy anything, and empower businesses and content creators to maximise their success.」

というミッションを掲げました。

これは日本語に訳すと、

「地球上で最もお客様を大切にする企業であること、お客様がオンラインで求めるあらゆるものを探して発掘し、出来る限り低価格でご提供するよう努めることを使命とする」

といった意味になります。

この文章を

・**Customer Experience**（顧客体験・顧客満足）の向上

・**Selection**（品揃え）の向上

という2つのキーワードに集約する形で、アマゾン社員はグローバル・ミッションとして認識しています。全世界のアマゾン社員たちは仕事中もことあるごとに「カスタマー・エクスペリエンス！」「セレクション！」と口にしてきました。

Customer Experience（顧客体験・顧客満足）の向上には、アマゾンのサービスを利用することで「金額的に得した」というだけではなく「ハッピーだ」「楽しい」と思える感動体験をお客様にしていただきたい——そのための環境を自分たちが作るんだ——という意志が込められています。

また、Selection（品揃え）の向上には、「限られたものの中から選ぶよりも、すべて揃っていたものの中から選ぶ方が、お客様は自分が本当に欲しい商品やサービスと出会えて嬉しいですよね」という大前提の考え方があります。つまり、選択肢の多さを大切にしているわけですが、これは商品やサービスだけにとどまらず、「配送方法の選択肢を増やす」など、お客様とアマゾンとの接点すべてにおいて適用される考え方です。

私がこのグローバル・ミッションを見ていつも驚くのは、１９９５年の創業時にすでに**「地球上で最もお客様を大切にする企業」**とし、自分たちの事業領域を「Earth」という単語で表現していることです。

私はこれまで海外企業を含め、さまざまな企業のミッションを目にしてきましたが、「World＝世界」という言葉を使ったミッションは多数存在しています。けれども私は「世界」という言葉にどうしても「自分たちの経済圏」「自分たちの文化圏や生活圏」「自分たちの強みを発揮できる領域」といった限定的なニュアンスを感じてしまいます。

ところが、「Earth＝地球」という言葉を使っています。これは、創業者であるジェフ・ベゾスが意図的にこの言葉を選んだのだという確信があります。「地球のありとあらゆる場所で、ありとあらゆる人々に」――（もしかしたらジェフにとって顧客は「人」だけではないかもしれません）――というところに、アマゾン、そしてジェフ・ベゾスの「変わらぬもの」であるために「変わり続けるのだ」という強い意志を感じるのです。

余談ですが、ミッションでもう1つ「Earth」という言葉を使っている企業があります。マイクロソフトです。創業者ビル・ゲイツの視野は現在、自然環境問題、貧富や教育の格差、コロナを始めとする医療問題など、地球規模での問題解決に向けられていますが、これは**「地球上に起こるあらゆる問題解決が自分たちの使命である」**という決意表明だと私は感じています。そのように自分の存在を規定すれば、まだまだやるべきことは山積しています。ジェフ・ベゾスやビル・ゲイツの悩みは「変われない」というものではなく「どんなに行動しても目の前の問題を解決できない」という悩みを抱えた状態なのだと思います。

不変の企業理念を実現するビジネスモデル
……Virtuous Cycle（バーチャス・サイクル）

Customer Experience（顧客体験・顧客満足）の向上、Selection（品揃え）の向上といった不変のグローバル・ミッションを具体的にどのように実現するか——を解説したものが「Virtuous Cycle（バーチャス・サイクル）」と呼ばれる図です。

この図はジェフ・ベゾスが２０００年頃にレストランで投資家と食事をした際に、

「アマゾンのビジネスモデルを教えてくれないか？」と聞かれ、ひざかけのナプキンに描いたものと言われています。「こういう循環でアマゾンのビジネスは成長するんだよ」と端的に示しています。

　グローバル・ミッションで掲げられた「カスタマー・エクスペリエンス（顧客体験・顧客満足）」と「セレクション（品揃え）」が図の中に落とし込まれていますね。「品揃えが増える↓顧客満足度が向上する↓来店者数が増える↓売り手の数が増える」という循環が起こります。すると、「低コスト実現↓低価格実現」ができ、さらに「顧客満足度が向上する」というわけです。

　アマゾンの社員たちは、このビジネスモデルに落とし込まれたキーワードに注目しながら実際の仕事を行っていきます。

「どうすれば売り手の数を増やすことができるか？」

「どうすれば低コストを実現できるか？」

「どうすれば来店者数を増やすことができるか？」

　といった具合です。

アマゾンのビジネスモデル
「Virtuous Cycle（バーチャス・サイクル）」

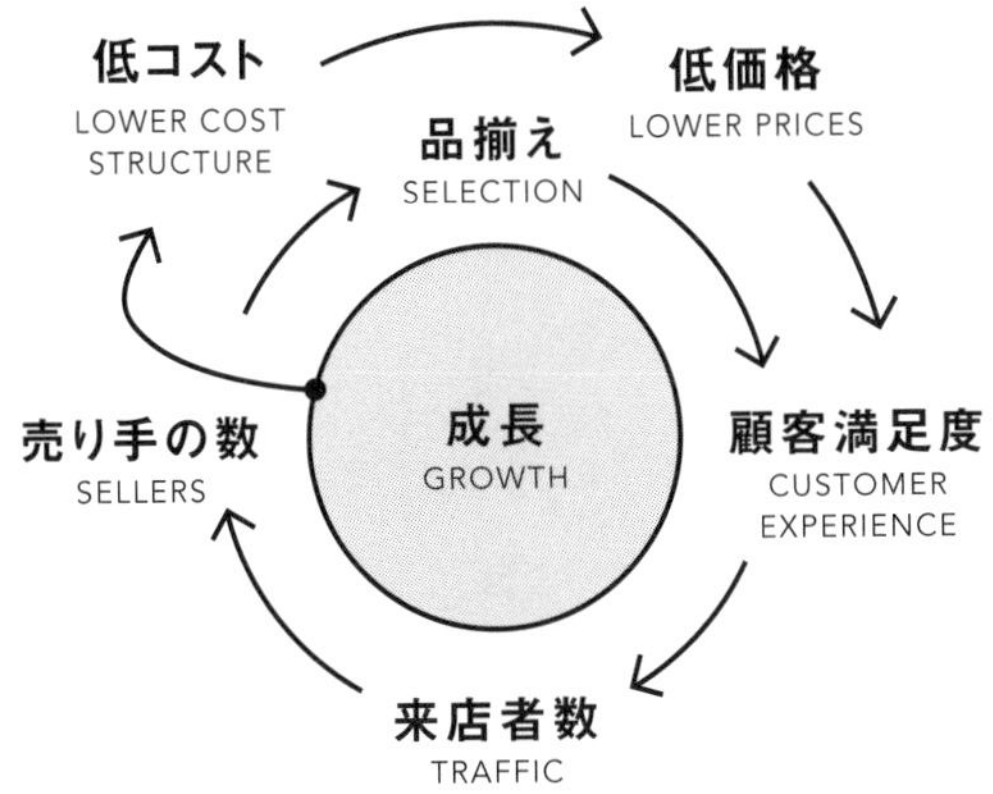

なお、この図は2次元ではなく、「まるで竜巻のように螺旋状にぐるぐると回りながら空へと昇っていき、その渦は上へ行くほどどんどん大きくなっていく」という3次元のイメージで捉えたほうがわかりやすいです。

アマゾンの社員にとっては、注目していること、やるべきことの本質的な部分は創業時から常に変わらないのですが、このサイクルを回せば回すほど会社は成長し、事業規模や事業領域もどんどん拡大していくのです。

このビジネスモデルにおいて私が非常に

素晴らしいとあらためて感じる点が2つあります。

まず1つめが、**「顧客体験・顧客満足」という言葉を実際のビジネスモデルに落とし込んでいる点**です。

「お客様ありき」「お客様を大切にしてこその経営」という言葉はさまざまな企業のトップからもよく聞きますが、「お客様を大事にするとはどういう行動をとることなのか？」「お客様を大事にする行動をとるとどのようなことが起こるのか？」といったことをここまで明確に「見える化」している企業は無いと思うからです。

この「見える化」により、アマゾンの社員たちは一人ひとりが「自分たちが何を頑張れば良いのか？」を明確に理解できているのです。

もう1つは、「利益」「売上」といった言葉が一切使われていないという点です。ビジネスモデルを説明する、ましてや投資家向けに説明するとしたら、「こんなふうに売上が上がりますよ」「こんなふうに利益が出ますよ」という内容になりがちです。

ところが、アマゾンの「Virtuous Cycle（バーチャス・サイクル）」は、そうではありません。これを形式上「ビジネスモデル」と呼んでいますが、「グローバル・ミッションであるセレクションとカスタマー・エクスペリエンスが、アマゾンの実際のビジネスの中でどういう位置付けにあるのか？」をわかりやすく説明したもの、と捉えたほうが正確です。

企業理念・ビジネスモデルと「変わるもの」をつなぐ社員理念
……Our Leadership Principles＝ＯＬＰ

最後に紹介するのが、「Our Leadership Principles」です。日本語に訳すと「リーダーシップ理念」となります。社内では頭文字をとって「ＯＬＰ」と呼ばれています。

ＯＬＰは、57ページのとおり、14ヵ条からなっています。ジェフ・ベゾスと直属の部下からなる特別チームで検討し、作成したものです。「リーダー」という言葉を含んでいますが、部下を持つ人間に限られるのではなく、全アマゾン社員が対象です。「アマゾン社員に求められる生き方」と言っても過言ではありません。

「ＯＬＰ14ヵ条の理念に基づいて仕事をしてきたかどうか？」は昇進や昇給の査定要

素となっていて、年に1回、３６０度評価が行われています。

また、マネジメントクラスの人物を採用する面接では、「ＯＬＰ14ヵ条の理念に基づいて行動できる人物かどうか？」を、ご自身の過去の経験を語ってもらいながら面接官が判断していきます。

ＯＬＰは、アマゾンにとってきわめて重要なものなのです。

それほど重要なＯＬＰですが、アマゾンの「変わらないもの」と「変わるもの」をつないだり、バランスを取ったりする役割を果たしている面があります。

まず、14ヵ条の中身です。例えば「Customer Obsession（顧客へのこだわり）」などは、グローバル・ミッションに紐付いた「変わらないもの」を代表する項目だと思います。「Frugality（質素倹約）」も同様です。我々が利益を出す目的は、自分の給料を上げるためではなく、お客様に還元し、カスタマー・エクスペリエンスを向上させるためだという、変わらぬ想いが込められています。

ところが、「Invent and Simplify（創造と単純化）」などは「どんどんイノベーションを起こそう！　単純化できるものは単純化しよう！」と言っているわけですから、

OLP（リーダーシップ理念）14か条

1. **顧客へのこだわり**
   Customer Obsession
2. **オーナーシップ**
   Ownership
3. **創造と単純化**
   Invent and simplify
4. **多くの場合正しい**
   Are Right, A Lot
5. **学び、そして興味を持つ**
   Learn and Be Curious
6. **ベストな人事を確保し育てる**
   Hire and Develop the Best
7. **常に高い目標を掲げる**
   Insist on the Highest Standards
8. **広い視野で考える**
   Think Big
9. **とにかく行動する**
   Bias for Action
10. **質素倹約**
    Frugality
11. **人々から信頼を得る**
    Earn Trust
12. **より深く考える**
    Dive Deep
13. **意見を持ち、議論を交わし、納得したら力を注ぐ**
    Have Backbone;Disagree and Commit
14. **結果を出す**
    Deliver Results

「変わること」を求める項目です。「Bias for Action（とにかく行動する）」などはそのものズバリです。また、「Insist on the Highest Standards（常に高い目標を掲げる）」は、お客様のニーズはどんどん高くなっていくのだから、自分たちが常に目標を上げていかなければいけないという戒めの言葉です。

このようにOLPには「変わらないもの」と「変わるもの」がバランスよくミックスされています。

また、OLPの内容ですが、もともとは10ヵ条だったものの、統合されてなくなったり、逆に加わったり……といった変遷を重ねてきました。

最も新しい条文は、２０１５年に加わった「Learn and Be Curious（学び、そして好奇心を持つ）」です。この条文が加わったのは、アマゾンが名実ともに世界的企業へと成長し、アマゾン社員が安定志向に陥り始めた時期と見事に合致しています。学ぶ意欲を捨て、新しいことを求めようとせず、チャレンジすることをやめてしまってはいけない――ＯＬＰにこの一条を盛り込むことで、ジェフ・ベゾスはアマゾンの社員に「変わること」を強く求めました。

ＯＬＰの存在によって、アマゾンは激動の時代の渦中にあっても「変わらないもの」と「変わるもの」をバランス良くつなぎ合わせながら成長できているのです。

行動指針を「変えないため」「変えるため」の指針で見直してみる

あなたの会社にも、企業理念、ビジネスモデル、社員の行動指針が存在すると思います。それらが有機的につながっているでしょうか？

例えば企業理念と行動指針の目指す方向がまったく違っていれば、当然ながら成長は望めません。この機会に、それぞれの関係性について見直してみるのも良いかもしれませんね。

また、企業理念、ビジネスモデル、社員の行動指針などの細部を「変えないためのもの」と「変えるためのもの」の視点で再検討してみると良いかもしれません。

特に行動指針は、社員の日々の思考や行動に具体的に関わってきます。「何をどう変わらず保っていくのか？」「何をどう変えていくのか？」といった視点で見直していくと大きな効果があると思います。

人間の変わらぬ欲求をベースにビジネスを構築していく

アマゾンのＣＥＯであるジェフ・ベゾスは、人間の行動心理、人間の根本的な欲求というものをとてもよくわかっている人物だと思います。

私も何度か彼の話を目の前で聞いたことがあるのですが、彼はよく**「人ってこうでしょ」という話をしてくれた**のがとても印象に残っています。そして、そういった「人ってこうでしょ」という〝ほとんどの人にとって当てはまること〟を「変わらぬもの」として定めてきたように私は思います。

ジェフが幹部社員を集めてミーティングをしていたときの話です。私もその一人として参加していました。参加者の一人がジェフに、

「なぜロープライス（低価格）が必要なのですか？」

とあらためて根本的な質問を敢えてしてみたところ、ジェフは、

「『ベゾスさん、私はアマゾンのことが大好きなんだが、1つだけ気に入らないことがある。それは他の店よりも価格が安いことだよ』と言う人に私はまだ会ったことがないんだよ」

と答えたのです。

つまり、「同じ商品やサービスを購入する際、安い方のお店に『安い』と言って怒る人はいないだろう」というわけです。

人種や民族に関係なく、また住んでいる国・地域に関係なく、いつの時代であっても、人は「そりゃ安いほうがいいよね」と思う——非常にシンプルではありますが、ほとんどの人間に当てはまる強い根本欲求だからこそ、ビジネスモデルである「Virtuous Cycle（バーチャス・サイクル）」に「Lower Prices（低価格）」が盛り込まれているのでしょう。

もちろん、「安いほうがうれしい」はすべての人に当てはまるというわけではあり

ません。「同じ商品がネット上でもっと安く売っているのは知っている。でも、買う場所も大事。だから銀座に足を運んで買う」という人もいます。あるいは「同じ商品が別のお店でもっと安く売っているのは目にした。でも、自分は長年お取引のある百貨店の外商から購入することにしている」という人もいるでしょう。お金だけではなく、買うにあたってのストーリーや、相手との信頼など、お金以外の価値も考慮して選ばれる人もいますし、私自身もそういう観点でモノを買うことがあるので、その気持ちもよくわかります。

ですから、ジェフが「人ってこうでしょ」と口にしているときの感覚は、あくまでも私の実感値ではありますが「90％くらい」なのではないでしょうか。そう思わない人ももちろんいる。でも、9割の人がそう思っているのなら——というあたりが「変わらないもの」の判断基準になっているかもしれません。

ジェフがしてくれた、数々のたとえ話

さまざまなアマゾンの企業理念、ビジネスモデルの構成要素などは、基本的にすべ

て「人ってこうでしょ」をベースにしていると思います。

なぜ「セレクション（品揃え）」を重要視するのかという質問に対してジェフは、「10個しかない中から選ぶのと、100個ある中から選ぶのだったら、100個の中から選んだ方が自分にぴったりのものに出会えるんじゃないか」と言っていました。

新規ビジネスに関しても、発想は同じです。

一定の年額を支払って会員になれば、配送料無料、生鮮食品当日配送、動画視聴無料、無料読み放題、音楽聴き放題……などさまざまなサービス特典が受けられる「Amazon Prime（アマゾンプライム）」を開始する際には「『全部まとめていくら』のほうがわかりやすくて良いでしょ」と説明していました。

電子書籍「Kindle」のアイデアの背景には「もちろん書店に足を運んでゆっくり探すのも素敵な時間だけれど、『この本を読みたい！』ってなったら今すぐにでも読みたいんだよね」という読書好きの願望がありました。なお、この「早いほうが嬉しいよね」という人間の根本欲求は、お届け日時の短縮化、お届け方法の多様化など、配送サービス面の改善にも大きな影響を与えています。

アイデアも、実現の方法も、「誰でも出来る」ものばかり

アマゾンのビジネスはこのように「人ってこうでしょ」という根本欲求をベースに構築されているわけですが、これは「取り立てて特別なアイデアではない」とも言えます。想像力を豊かにしながら人をじっくり観察していれば、誰でも思いつける可能性があるわけです。

その「誰でも思いつける可能性のあるアイデア」を、現実化しようと一歩踏み出し、成功と失敗を重ねながらもスケール化していくのがアマゾンの凄みではあるのですが、そのプロセスも何か特別なことをしているわけではありません。

つまり、アマゾンのような発想も、アマゾンのような事業規模拡大も、ある意味「誰でも出来る」ことなのです。

第0章でもすでに触れたことですが、あらためて言います。

「こんなことはアマゾンだから出来るんだよね」という発想はどうか捨ててくださいね。アマゾンも初めは、いつ淘汰されてもおかしくない小さな1ベンチャー企業だったのですから。

「アマゾンと自分たちは違う」という視点ではなく、「アマゾンの良いところ・取り入れやすいところをうまく取り入れて、自分たちのオリジナリティを高めよう」という視点で読み進めていただくと、この本を読む意味が大きくなると思います。

アマゾンは今後、どのような方向に進んでいくのか?

「変わらないもの」と「変わるもの」を併せ持ちながら飛躍的な成長を続けているアマゾン。彼らは今後どのような方向に進んでいくのでしょうか?

私が1つ確信を持って言えるのは**「お客様の満足度向上につながるのなら、彼らはどんな事業にも進出する。お客様にご満足いただけるものが準備できたと自分たちで感じたタイミングでサービスを開始するだろう」**ということです。

「Prime Video」のサービス開始と同時に、映画業界やテレビ業界にとってアマゾンは視聴時間を奪い合う〝脅威のライバル〟になったと思います。このようなことが今後次々と起こる可能性があります。「アマゾンは我々の事業とはまったく関係がない」と断言できる業種・業界は皆無と言っていいでしょう。

ここからは「あくまでも私の推測でしかない」ということをあらかじめご了解の上、読み進めてください。

アマゾンは保険サービスを開始するのに十分な個人データを持っています。「あの人がどんなものを購入しているか？」ということがわかっていますから、健康状態などもある程度推測できる可能性があるわけです。アマゾンが本気で「お客様一人ひとりに最適な保険を開発しよう」となったら、今までにない保険サービスがスタートする可能性があります。

保険サービスと同様に、金融サービスも十分視野に入ってくるのではないかと推察します。通貨の発行などに関しては国家も絡んで非常に難しい面がありますが、親和性のある事業領域だと私は感じています。

また、アマゾンには、ＡＷＳ（Amazon Web Services）という別会社を所有する、世界ＮＯ．１クラウドサービスプロバイダーとしての側面もあります。アマゾンは世界トップレベルで電力を消費している企業なのです。ということは、「自分たちでエネルギーを作ろう」と考えるのはきわめて自然のなりゆきです。太陽光発電に乗り出すかもしれませんし、ジェフ・ベゾスは宇宙事業にも大きな関心を持っているので、宇宙でのエネルギー開発というビジョンがあるかもしれません。

つまり彼らは、そこにお客様のニーズがあって、自分たちのテクノロジーを使ってお客様のカスタマー・エクスペリエンスを向上させられるとわかった瞬間、アクセルを踏み込みます。資金は潤沢なので有望な企業を買収することもできますし、調達力もあるので商品やサービスの価格を大幅に引き下げることもできるでしょう。

保険、金融、エネルギー以外にも、電気自動車、薬、ロケット……「Earth」を見てビジネスを展開していくので、「出来ないもの」は考えにくいのです。

これからの時代は「アマゾンとの差別化を考えざるを得ない時代」とも言えるでしょう。

第2章

「いつかアマゾンは潰れる」という危機感

アイスベアに込められた
ジェフ・ベゾスの意志

アマゾンはなぜ変わり続けられるのか――?

第2章では、その理由を主にジェフ・ベゾスの思考や行動を通して解説していきたいと思います。

アマゾン発祥の地であるアメリカ・シアトルに、旧本社であった通称「Day One ビル」と呼ばれるビルがあります。

そのビルの玄関横には、ガラスに囲まれて、大きな動物の骨格標本が飾られています。「アイスベア」と呼ばれている、すでに絶滅した北極圏のシロクマの古代種の骨です。

近年の地球温暖化の影響により、北極圏のシロクマは絶滅危惧種に指定されています。あるとき、アマゾンのマーケットプレイスにこの骨格標本が出展され、たしか４０００ドル以上だったと聞いていますが、ジェフ・ベゾス自身が自腹で買い取ってDay One ビルの玄関に飾ったのです。

なぜ、ジェフはこのようなことをしたのか？

それは**「好むと好まざるとにかかわらず、環境の変化に対応できなければ絶滅してしまうのだ」というメッセージを社員に伝えるため**だと言われています。

アマゾン在籍時はもちろん、アマゾンを退社した後も、私はシアトルにあるアマゾンのオフィスを何度も訪れてきました。アマゾンのオフィスを始めとしたアメリカの最先端ＩＴ企業の海外視察の案内役を担っていたからです。日本の企業経営者の一団を引率し、さまざまな企業を回りましたが、視察のたびにアイスベアの骨格標本を視察団のメンバー全員で眺めました。

むきだしの骨となった標本のインパクトは大きく、ひとめで「常に変化に対応した行動をとり続けなければ、我々もすぐにこうなる」という思いに駆られます。

さらに、標本を囲むガラスには「#Be peculiar（独自であれ）」の文字があります。この言葉の意味は第4章（172ページ）で詳しく解説しますが、本質的な価値を追求し続けなければお客様のニーズと自社のサービスとの間に大きな乖離がすぐに生まれてしまいます。お客様が、世の中が進んでいる中で、自分たちがその場に立ち止まれば、あっと言う間に遠ざかってしまう――ジェフは誰よりもよくわかっているのです。


大きなミッションを掲げ、誰もが称賛するビジネスモデルを構築し、驚愕の成長を続けるアマゾン。独禁法に関してたびたび話題になる現在の状況を傍目から見ていると、「もはや対抗できる相手はいないのでは？」と安易に考えてしまいそうです。

実は、まったくそうではありません。

創業者であり、CEOである当のジェフ・ベゾスは「気を緩めればすぐに倒産してしまうだろう」という強烈な危機感のもとでアマゾンを経営しているのです。

アイスベアの骨格標本が展示されるようになったのは2015年頃だと思いますが、当時はアマゾンが売上10兆円企業となり、他業界の老舗企業からも中途採用で続々と人材が入社してくるようになった時期と符合しています。

ここからはあくまでも私の推察に過ぎませんが、それまでのアマゾンはベンチャーマインドに溢れていて、良くも悪くも「アマゾンに定年までいるつもりはない（いられるかどうかもわからない）」という思いで仕事をしていた人が多かったように思うのですが、採用市場における人気企業になったことで、アマゾンに安定や終身雇用を求めることも可能になってしまったのではないでしょうか。また、社員も年を追ってどんどん増えていきますから、かつてのように身軽に動くことも物理的に難しくなっていきます。

そのような状況に、ジェフは警鐘を鳴らしたのだと思います。もしもあのときメッセージを出さなかったら、アマゾンの成長は止まり、縮小していた可能性も十分にあります。

強いトップの危機感。これは世界の成長企業に見られる共通点の1つです。

適切なタイミングで適切なメッセージを発信し、社員の行動を変えられたら、難局も乗り切れると思います。

「いつかアマゾンは潰れる」
初心の大切さを社員と常に共有

2018年の終わりに、ジェフ・ベゾスのある発言が大きなニュースとなりました。それは社内会議の場で自社について触れたもので、

「大きすぎて潰せない会社ではない……いつか倒産するだろう。大企業の寿命は30数年ということが多い。100年以上ではない」

というものでした。

アマゾンは創業以来、ほぼ毎年25%以上の成長率を維持しながら成長し続けてきました。この成長率は「約3年後には事業規模が2倍になっている」ということを意味しています。つまり、数年後には「外側から見ればまったく違う会社になっている」

という状態で20年以上もビジネスを回し続けているわけです。

常識の範囲内で物事を考え、今までのやり方の延長線上で行動をしていては、そのような成長を続けるのは不可能に等しい――ジェフ・ベゾスは冷静かつ客観的に自社を分析・判断し、社員に伝えたのでしょう。

「それにしても、あのアマゾンが……」２０１８年当時も現在も、アマゾンはウォルマートに次ぐアメリカ第2位の小売業者です。それほどの規模を誇るトップの発言だっただけに、このニュースは世界中で話題となりました。

冒頭の発言に続き、ジェフは「アマゾンの目標はその日を可能な限り遅らせること」「その方法は顧客に注力すること」と語り、その上で「もし我々が顧客ではなく、我々自身に注力し始めたら、それは終わりの始まり。我々は終わりの日を可能な限り遅らせなければならない」と伝えたようです。

日本の経営者にも「初心」を大切にする人はたくさんいますが、ジェフは偏執的と言えるほどの熱心さで「初心」の重要性をことあるごとに社員に伝えています。

インターネットの世界は原始時代のようなもの

著名人の講演内容をインターネット上で無料公開しているＴＥＤカンファレンスで、ジェフ・ベゾスは２００３年に講演を行っています。

２００３年は、アマゾンが創業以来初の黒字化を達成（３５００万ドル）した年です。アメリカのドットコム・バブルが２０００年頃にはじけ、「アマゾンの株は紙くず同然だ」と言われた苦しい時期が何年も続き、ようやく転換期を迎えたわけです。

ちなみに通期決算の数字が世の中に発表されたのは２００４年1月27日でした。そして前年の２００２年は1億４９００万ドルの赤字を計上しています。つまり、ジェフ・ベゾスがＴＥＤの壇上に立って話をしていたのは、世の中が最も「アマゾンは赤字を垂れ流してばかりいる会社。ドットコム・バブルの象徴だ」というイメージを抱いていた時期（社内では回復への手応えを感じていた時期だったのですが）だと言えます。

そういった時期であることを踏まえて、ジェフがＴＥＤでどんなメッセージを発信したのかを見ていきましょう。

ジェフはまず始めにアメリカで１８４９年に起きたゴールドラッシュの例を挙げ、「インターネットはゴールドラッシュよりも電気産業のほうが、共通点がある」と言っています。さらに、まだコンセントが発明されていなかった時代の１９０８年に製作された「停止」ボタンのないハーレー洗濯機の例などを挙げながら、電気の普及について語ります。そしてスピーチの締めくくりとして、以下のように述べています。

> ……私たちが立っている地点はまだ原始的です。私達はインターネットで１９０８年のハーレー洗濯機と同じ地点に立っているのです。髪の毛が挟まる危険はありませんが１９０８年と同じような原始的な地点に私達はいるのです。
>
> それが信じられれば「トラブルが続出するネットに接続する価値なし」といった１９９６年の見出しは気にならないでしょう。１９９８年「Amazon.end」、

１９９９年「Amazon.bomb」。母はこの写真が嫌いです。

もし皆さんが、今私達が１９０８年のハーレー洗濯機の地点にいると同感できるなら皆さんはとても楽観的です。そして私もそんなひとりです。今まで起こったイノベーションよりも今後のイノベーションの方が多いと信じています。

これは１９１７年に世に出たシアーズの広告です。

「電気を照明以外にも活用しよう」

これが私達の今の地点なのです。実に初期の段階です。

ありがとうございました。


（TED公式「ジェフ・ベゾス：次のウェブ・イノベーション」より引用）

ジェフ・ベゾスのスピーチは比喩が巧みなことで知られていますが、彼がこのスピーチに込めた最大の想いは「インターネットは、ゴールドラッシュのような一過性のものではなく、電気のように世界全体に普及され、世の中を大きく変えるものだ」という点だと思います。そういった不可欠なテクノロジーであると同時に、実際のインフラは「原始時代」と言えるほどの初期状態なのだ――というわけです。

２００３年のＴＥＤ講演から20年近く経っていますが、自分の頭の中にある「世の中はやがてこんなふうになる」「お客様のためにこんなこともあんなこともできる」というイメージと、テクノロジーやインフラによって「今はここまでしかできない」という現実とのギャップは、ジェフの中では当時も今も同じように大きいのではないでしょうか。そういう意味では、彼は今後どんなにアマゾンが成長しても「今は原始時代のようなもの」と感じながらビジネスをし続けるのかもしれません。

視野を広げ、時間軸を延ばせば、「変わる」が当たり前のことになる

ここで私が注目したいのは、

・ジェフがはるか遠い未来を見据えて話をしていること
・ＴＥＤという場であることも影響しているが、アマゾンの存在意義、役割、将来性などについては一切触れず、インターネットの未来について語っていること

です。

ジェフが私欲を離れた視点でスピーチをしているからこそ、聴衆はその「物語」に共感できます。つまり、「一緒に変わりましょうよ」と「変わり続けること」に対して、世の中の人を巻き込もうとしている印象を受けます。

その一方、ジェフは早くもこの時点で「自分が生きている間に自分の望む世の中を実現する」という想いも手放している気がします。『インターネット原始時代』の世の中をたった数十年で劇的に変えるのは無理かもしれない」と現在でも思っているのではないでしょうか。

余談になりますが、ジェフ・ベゾスは「1万年動き続ける機械式時計を作ろう」という壮大なプロジェクトに関わり、埋蔵場所としてテキサス州のロッキー山脈の麓に所有する自身の土地を提供しています。そこには「今から1万年も前にこのような技術と知識を持った人類が存在していたんだ」という子供のような好奇心があるだけ。彼の時間軸はそれくらい長いのです。

「自分の会社」という視野で考えるのではなく、**「世の中全体」まで視野を広げて考える**。そして、「自分の生きている間」という長さで考えるのではなく、**「はるか未来の祖先」という長さまで時間軸を延ばして考える**——そうすれば、必然と「変わるのが当たり前」という感覚、「今はまだまだ始まったばかり」という感覚を持てるのではないでしょうか。

ジェフの視野と時間感覚は、「変われない」と悩む経営者に多くのヒントを与えてくれます。

「お客様のために変わり続けよ」自らの行動で示したジェフ・ベゾス

ジェフ・ベゾスのお客様への軸足の置き方のすごさは、アマゾン在職中もさまざまなエピソードを通じて耳にしてきました。アマゾン社員はその徹底ぶりを肌で感じているからこそ、「変わるのが当たり前」という文化が保持されていくのだと思います。

よく知られているのは、「jeff@amazon.com」という、ジェフ・ベゾス直通のメールアドレスが一般公開されていることです。Twitter や Instagram などにも掲載されています。「ジェフ・ベゾスに何か言いたいことがある」と思ったら、このアドレス宛にメールができ、ジェフ本人から返事があることも。それほどお客様とのつながりを大切にしています。

そのような価値観を根底に持つアマゾンでは、「一生懸命考えて行動した結果の失敗は許されるが、お客様をないがしろにする行為は許されない」という面があります。

私が在職中に耳にしたjeff@amazon.com に関するエピソードの中で特に印象に残っているのは2つです。

自社の商品入荷を止めて、お客様の声に即座に対応

アマゾンの「ＦＢＡ」サービスは「Fulfillment By Amazon」の頭文字を取ったもので、Amazonの物流拠点（フルフィルメントセンター）に商品をお預けいただくだけで、商品の保管から注文処理、配送、返品に関するカスタマーサービスまで、Amazonが代行してくれるサービスです。アイデアの発端には「アマゾンの倉庫の余ったスペースを他の販売業者さんに有効活用してもらおう」という「スペース貸し」のイメージがありました。

アメリカの一地方都市に、ＦＢＡを利用して自作の石けんを販売していた年配の女

性がいました。ある年、クリスマスを控えた時期に、その年配の女性がjeff@amazon.comにメールを送りました。その内容は「2週間前に商品を発送したのに、いつまで経っても私の商品が『在庫あり』にならないんだけど……どうしてかしら？」というものでした。

こういうとき、ジェフは「？」とだけ書いて、担当者にメールを転送してきます。このときも同じように「？」のメールが担当者に転送されました。担当者の調査により、倉庫がすでにパンパンで、その女性が送った石けんが倉庫の外に積んであることが判明しました。

ちなみにアメリカのクリスマスシーズンは、日本人の想像を絶します。洋服、おもちゃ、靴、自転車……など驚くほどの数の商品を「家族へのクリスマスプレゼント」として購入するからです。逆に、その他のシーズンにはそれほど物を買いません。ですから、クリスマスシーズンとその他のシーズンの入出荷量は、何倍もの差があるのです。

年配の女性の石けんは、まさにクリスマスシーズン直前の、倉庫の入出荷量が最も多い時期と運悪く重なってしまったわけです。

そこでジェフ・ベゾスはどうしたか？

自社直販分の商品の発注を止めるように指示しました。つまり、

「アマゾン本体として売る分を減らすんだ！　そして倉庫の空きスペースを作って、女性の石けんや、ＦＢＡサービスを使ってくれているその他すべての人の商品を優先して倉庫に入れるように！」

と伝えたのです。指示は即座に実行され、ＦＢＡ関連の商品は倉庫へ入荷されました。

では、なぜジェフはこのような指示を出したのでしょうか？　ＦＢＡサービスを利用してくださっている方々は、アマゾンにとって「お客様」という認識があるからです。しかも、担当者からのヒアリングにより、倉庫の現状は頑張ってもどうしようもないほどパンパンだと理解していました。

「お客様を最優先する」という大前提があるからこそ、ジェフの指示は即座に出され、社員も迷うことなく最速で対応できたのだと思います。

お客様の声を、本当に大切にしているか？

もう1つは、カスタマーサービスに関するエピソードです。

あるときjeff@amazon.comに「カスタマーサービスに電話をしているんだけど出てくれない」というメールが届きました。このときもジェフは「?」と書き加え、メールをカスタマーサービスの担当者に転送しました。

そのメールを受け取ったカスタマーサービス担当者は、経営会議の場でジェフを前に「私たちは1分以内に出ています」と返事をしました。アマゾンにはメトリックス（一般的にはKPI＝Key Performance Indicatorと言われる数値目標／詳しくは126ページ参照）がすべての現場に存在していますが、メトリックス上は「1分以内に電話に出る」と定められた目標を達成しているという報告を得ていたからです。

その報告を受けた瞬間、ジェフは目の前の電話に手をかけました。そして皆に聞こえるような状態で、カスタマーサービスのダイヤルを押し、時計をじっと見ました。1秒、2秒……、保留音が会議室に鳴り響きます。20秒、30秒……、沈黙の会議室で保留音だけが鳴り響きます。50秒、1分……、保留音は止まることなく流れていました。ジェフの顔は真っ赤になっていったそうです。

2分ほど経ってようやくカスタマーサービスが電話口に出た後、ジェフは静かに受話器を置きました。そしてひと言「See?（だろ?）」と言ったそうです。

そのときのジェフの怒りはすさまじいものだったと聞いています。1分という目標がありながらその目標を達成できていない現場への怒りというよりも、「お客様がせっかく教えてくださったのに、なぜしっかり確認もせずに『ちゃんと出来ています』と報告したのか?」という怒りでした。「お客様の声をないがしろにする行為」が何よりも許せなかったのです。

トップの〝ブレない〟エピソードは非常に重要

ジェフ・ベゾスから「?・」のメールが転送されてくると、受け取った側は蜂の巣をつついたような騒ぎになります。

「?・」を解決するまでの時間も、相当長く感じられることでしょう。保留音が鳴り響く会議室に自分が居合わせたとしたら……想像するだけで正直生きた心地がしません(苦笑)。

その恐ろしさの正体は、「ジェフという人間が怖い」というよりもさらに本質的な「アマゾン社員でありながらお客様をないがしろにしていないか?」という恐ろしさなのです。

ジェフのメールの「?・」は、そのことに気づかせてくれる「?・」でもあります。

会社の理念と一貫性を感じられる、トップの〝ブレない〟エピソードは、社員の仕事ぶりに大きな影響を与えます。

もしもあのときアマゾンがテクノロジー投資を惜しんでいたら

私がアマゾンジャパンに15年間在籍して「あのとき変わっていなかったらアマゾンはいったいどうなっていただろうか？」と思うことの１つに「パソコンからケータイ（スマホ）への対応」があります。

個人的な実感値ですが、２００５年頃からでしょうか。１９９９年にサービスを開始したＮＴＴドコモの「ｉモード」が世の中でかなり普及した頃なのですが、そのあたりからケータイでオンラインショッピングをする人も多くなってきた印象があります。

とはいえ、「デスクトップパソコンやノートパソコンを使ってアマゾンにアクセスする人」と「ケータイを使ってアマゾンにアクセスする人」の割合で言えば圧倒的に前者の割合が多い時代がその後何年も続いていました。だからと言って、「少数派であるケータイユーザーに対するプラットフォーム対応はしなくてもいいよね」とアマゾンが判断し、テクノロジーの投資を惜しんでいたらどうなっていたでしょうか？ 当然ながら、スマホ対応も大きく出遅れていたことでしょう。「誰もがスマホで買い物をする時代」になった現在、その遅れは致命的となっていたはずです。

そういったことにならないよう、アマゾンではいつの時代もテクノロジーへの投資を惜しみなく行っているのです。

アイスベアの話（70ページ）にも共通しますが、アマゾンという会社は「アマゾンという会社と自分たちの置かれているビジネス環境」を「生命体と地球」の関係と同義に捉えている面があります。「地球の環境の変化についていけない種は絶滅するでしょ、だからビジネス環境が変わればついていくのは当然」というわけです。

「好き・嫌い」で導入を検討していたら絶滅するしかない

ところが、経営者や経営陣が年を重ねてくると、新たなテクノロジーへの対応が遅れがちになります。わかりやすい例を挙げれば「スマホは使いづらいからガラケーで良い」「インターネットはわからないからファックスで良い」「パソコンは扱えないから手描きで良い」といった考え方は依然根強くあるように思います。

その根底にあるのは、テクノロジーに対する抵抗感です。けれども、そのような抵抗感という感情で、新しいテクノロジーの導入を遅らせる・やめてしまうと、残念ながら「絶滅」という結果が待っています。

昨今、第5世代移動通信システム、通称「5G」が大きな注目を浴びています。「高速・大容量」「低遅延」「多数端末との接続」という特徴を持つ5Gは、自動運転サポート、遠隔医療などを実現し、さまざまな産業に劇的な変化をもたらすと期待されています。

あなたはご自身のビジネスと5Gとの関連性をどのように捉えていますか？

「自分たちの業種・業界に5Gはまったく関係ない」と思っていないでしょうか？

もしもそのように気楽に構えていたら、はっきり言って危機的状況です。

そして、「5Gはそれなりに関係がある」と感じてはいるものの、「来るべき本格的5G時代に向けて準備できているか？」を真剣かつ具体的に考えていない状況なのだとしたら、今すぐにでも準備を始めるべきでしょう。

私もテクノロジーに精通しているわけではありませんから、抵抗感を抱く気持ちはわかります。

けれども、もしも今後の生き残りを目指すのであれば、**「好き・嫌い」「得意・苦手」といった感情を抜きにして時代の変化をいったん受け入れた上で、自社の何をどう変えていくかを検討すべき**だと思うのです。

第3章

世界一失敗してきた会社

アマゾンは「世界一失敗してきた企業」である

この第3章では「失敗」をキーワードに解説をしたいと思います。

なぜなら、「失敗」をどのように定義するか、「失敗」の可能性をプロジェクトにどう折り込んでいくか、「失敗」した場合は誰がどのように責任を取るのか、「失敗」を「成功」に変えるためにはどのようなマネジメントが必要なのか、「失敗」の確率をできるだけ下げるための仕組みとはどのようなものか……といった、「失敗」に対するアプローチが確立されているかどうかで、変化・成長の度合いは左右されると私は思っているからです。

ひと言で表現すれば、日本企業の多くは、失われた30年、とりわけ2008年9月のリーマン・ブラザーズの経営破綻を機に世界中に広がったリーマン・ショックを契機に**「失敗するのが怖いから踏み出さない」**という空気が蔓延している気がします。
つまり、変われない元凶は「失敗」に対する捉え方であり、「失敗」に対する意識と行動を変化させれば、社内の「変わり続ける力」が蘇生するのではないかと思うわけです。

アマゾンが「失敗」という言葉とどのように向き合っているのかを例に挙げながら、自社の変化に役立つさまざまなヒントを読者の皆さんに提示していきます。

アマゾンが積み重ねてきた数々の「大きな失敗」

まず初めに紹介したいのは、「アマゾンは世界一と言える規模感で『失敗』し続けている企業である」という事実です。

代表例の1つに、「**Fire Phone**（ファイア・フォン）」があります。これは米アマゾンが2014年6月に発表した3D対応のスマートフォンで、アメリカでは7月末にAT&T社の独占で発売されました。自社製スマートフォンの開発・発売に対するアマゾンの意欲は並々ならぬものがあり、ジェフ・ベゾスが行ったメディア向けのプレゼンテーションも当時大きな話題となりました。

ところが、米アマゾンはわずか1年あまり経った2015年8月に生産中止を決定し、直後に発売も中止し、「Fire Phone（ファイア・フォン）」は市場から静かに消えていきました。その大きな理由として、「ハードウェアはアマゾン、通信はAT&T」という切り分けだった点が挙げられています。Fire Phoneを使うためには、ユーザーがAT&Tのプラン契約する必要がありました。けれども、そのプラン内容が安くもなく、使い勝手もよくなくて、また契約手続きも煩雑であったため、お客様の支持を得られなかったのです。

投資金額の詳細までは私も把握していませんが、テクノロジーに精通している方にとって「自社製スマートフォンの開発」がどれほど大規模なプロジェクトであるかは想像していただけるのではないでしょうか？

鳴り物入りで始めた大規模プロジェクトから、アマゾンはわずか1年で撤退したわけです。

このような例は、他にもたくさんあります。

市場進出の「大きな失敗例」としては、中国市場です。２００４年に地場企業を買収して中国に進出し、国内第三者の商品をネット通販する「マーケットプレイス」事業を展開してきましたが、中国国内向けのネット通販事業から撤退すると２０１９年4月に発表しました。

商品カテゴリーの「大きな失敗例」を挙げれば、アマゾンジャパンでのアパレル事業です。アマゾンジャパンでは、２００８年11月に「Amazon.co.jp」の姉妹サイトとして「Javari.jp」をオープンしました。使い勝手は良いけれどもシンプルなAmazon.co.jpとは一線を画した、女性向けの華やかなファッションサイトを独立コンテンツとして立ち上げようとしたわけです。

女性向けの靴とバッグを主軸としてスタートし、２０１２年にはジュエリーと時計、２０１３年にはファッション小物を追加するなど、アイテムを拡充していました。けれども軌道には乗らず、Amazon.co.jpのコンテンツとして吸収される形で

２０１４年６月にサービスを終了しています。

ただし、ひと言付け加えさせていただくと、これらは**「今のところ『失敗』と世の中から言われている」に過ぎない**ということです。

実はアマゾンは、自社製スマートフォンの開発を諦めたわけではありません。「Googleと提携しながらAndroid搭載のスマートフォンを開発している」というニュースも流れています。「失敗」の烙印を押された直後から、粛々と「成功」に向けて再スタートを切っています。

高校のバスケットボール部を舞台にした人気マンガ『スラムダンク』で、顧問の安西先生がつぶやく「あきらめたらそこで試合終了ですよ…?」というセリフがよく知られていますが、アマゾンもなかなかあきらめません。

アマゾンの失敗は「今のところは」という注釈付きなのです。

あきらめなかったからこそ生まれた革新的アイデア

実際、そのあきらめの悪さ（笑）が、アマゾンの成長を支える革新的アイデアの実現につながりました。「Single Detail Page（シングルディテールページ）」です。日本語に意訳すると「1商品1ページ」といった感じでしょうか。

「Amazon.co.jp」など各国のアマゾンショッピングサイトにアクセスすると、「1商品1ページ」のシンプルな作りになっていますよね。つまり、「売り手別」ではなく「商品別」のページ構成なのです。一方、他のショッピングサイトでは、「売り手別」になっています。同じAという商品であっても、売り手が違えば、別のページに掲載されています。

アマゾンの「売り手別」ではなく「商品別」のページ構成である「Single Detail Page（シングルディテールページ）」……アマゾンユーザーにとってはあまりにも見慣れた構成のため、「何がそんなに革新的なの？」と思うかもしれませんが、度重なる「失敗」のおかげでここに行き着いたのです。

アマゾンには「マーケットプレイス」と呼ばれる機能があります。Amazon.co.jpにアクセスすると、アマゾンだけでなく、さまざまな売り手が同じ商品を売っていますよね？　新品を売っている売り手もいれば、中古品を売っている売り手もいます。アマゾン以外の売り手が必要な手続きと手数料を支払えば、Amazon.co.jpでどんな商品でも自由に値付けして販売できる機能を「マーケットプレイス」と呼んでいて、世界各国のアマゾンショッピングサイトに搭載されている機能です。

つまり、「マーケットプレイス」とは、簡単に言えばオークション機能なのです。

当初アマゾンショッピングサイトは、アマゾンが売り手となる商品（アマゾンが業者さんから仕入れたものを売る）という形でスタートしました。けれども、ジェフ・ベゾスは「オークション機能を追加して、他の売り手も自由に売れるサイトにしたい」と言い始めます。ジェフの頭の中には自身の構築したビジネスモデル「Virtuous Cycle（バーチャス・サイクル）」があり、「売り手が増えれば増えるほど、アマゾンのビジネスは成長する」ということがわかっていたのですが、周囲の人たちは「売り手が増えるってことは、ライバルに〝アマゾンのお店の軒先〟を貸して『どうぞ、どうぞ、自由に商売してください』って言っているのと同じことですよね？　それってアマゾンの売っている商品が売れなくなるだけではないですか？」と言われ、そもそもオークション機能の導入自体がうまくいきませんでした。これが最初の「失敗」です。

そこで、妥協案として、アマゾンショッピングサイトとは別のサイトという位置付けでオークションサイトを作り、サービスを開始しましたが、当時のアメリカには「eBay（イーベイ）」というオークションサイトが非常に人気だったため、アマゾンの立ち上げたオークションサイトの利用者はまったく増えませんでした。これが第二の「失敗」です。

ところが、アマゾンはそこで中断しませんでした。何年も試行錯誤を繰り返した末に行き着いたのが「アマゾンもオークション参加者の一員として見なせばいいのでは？　そして他の売り手と競えばいいのでは？」という発想で、「それを実現するには、1商品1ページの構成が良いよね」という結論だったのです。ここでようやく

「Single Detail Page（シングルディテールページ）」に行き着いたわけです。

もしも初期の「失敗」で諦めていたら……

先ほどは「Single Detail Page（シングルディテールページ）」を「1商品1ページ」と訳しましたが、正確には「1商品2ページ」と言った方が正確です。そして、「シングルディテールページ」の凄みは、「お客様にとって最も良い条件を出した売り手がトップページを取れる。2位以下の売り手は2ページ目に回る」という掲載基準を設けていることです。最も良い条件とは、本体価格、配送料、在庫の有無、新品か中古品か……などの諸条件の掛け合わせとなります。もしもアマゾン以外の売り手が最も良い条件で商品を販売していたら、その売り手がトップページに掲載されます。

最も良い条件を巡って各売り手が競い合うことで、顧客満足度は当然向上していきます。この競争の中においては、アマゾンも一売り手に過ぎないのです。

この「Single Detail Page（シングルディテールページ）」に行き着いたことでビジネス

モデル「Virtuous Cycle（バーチャス・サイクル）」の回転半径は大きくなって回転速度も増し、アマゾンは飛躍的成長を遂げていったのです。

もしも1度目あるいは2度目の「失敗」で諦めていたら、現在のアマゾンの姿は見ることができませんでした。

危ない橋を渡って何とかオープンできた「Amazon.co.jp」

余談ですが、アマゾンジャパンの立ち上げの頃は、「Amazon.co.jpをオークションサイトとしてスタートしたら良いんじゃないか?」という議論もされていました。結果としては「アマゾンが取次（本の問屋さん）を通して出版社から書籍を仕入れてサイトで販売する」という〝ネット書店〟としてスタートできたわけですが、日本に〝上陸〟した2000年当時は、「アマゾン? そんな海のものとも山のものともわからないところに本を卸せるか」という意見が大半を占めていて、商品である書籍を仕入れることができないかもしれない懸念があったからです。

「もしも仕入れることができないのならば、新品あるいは中古で本を仕入れることのできる売り手に集まってもらい、彼らに売ってもらう。アマゾンはプラットフォーム提供だけにとどまるしかないね……」という話し合いを、私が入社直後は真剣にしていた記憶があります。取次や出版社の協力によって最悪の事態は回避でき、無事にサイトをオープンできたのですが、Amazon.co.jpの立ち上げも決してスムーズにいったわけではありませんでした。

アマゾンの例を見てもわかるように、成長を支える革新的なアイデアや素晴らしいビジネスモデル、強い商材は、いきなり生まれるわけではありません。

最初は「失敗」から始まります。その「失敗」に挫けず、「何かうまくいく方法はないだろうか？」と試行錯誤した末に辿り着けるものなのではないかと思います。

アマゾンでは「失敗」を大前提として物事を考える

前項で「アマゾンは『世界一失敗してきた企業』である」という見出しをつけましたが、なぜそう言い切れるのか？　それは、「新規プロジェクト＝投資」という概念が社内に浸透しているからです。

ジェフ・ベゾス始めアマゾンの経営サイドの投資感覚を私なりに想像すると、ベンチャーキャピタリスト（ベンチャー企業への投資を行う投資家）の投資感覚に近い気がしています。

A／いくつかの安定企業に絞り込んで投資し、そのすべてから安定的なリターンを得る投資家

B／将来有望だと思えるが正直どうなるかわからないベンチャー企業に何社か投資

し、倒産する企業もあるが、大成功する企業もあり、大成功によって大きなリターンを得る投資家

Ａ、Ｂの２つの投資家がいれば、アマゾン経営陣は後者のＢのほうの考え方でビジネスを展開していることは間違いありません。

このような投資感覚の中には、「失敗はつきものだ」という大前提が当然のように織り込まれています。ジェフはこれまでに、

「失敗を覚悟すると、心は軽くなる」

「失敗しても後悔しないのはわかっていた。しかし、試さなかったら後悔していただろう」

「大規模な研究開発をするなら、３つのことを喜んでしなければならない。『喜んで失敗すること』、『喜んで長期的に考えること』、『喜んで長期にわたる誤解を受けること』」

などと語ってきましたが、彼、そしてアマゾンが「失敗」をそもそもどのように捉えているかが伝わってくる言葉ではないでしょうか。

社員とも「挑戦に失敗はつきもの」の感覚を共有

また、この投資感覚は、経営陣だけのものではなくアマゾン社員にも共有されてきました。

ジェフ・ベゾスはことあるごとに、私たち社員に向かって「イノベーションの種」や「将来的に花咲くもの」といったわかりやすい例えを使い、「今、僕らの前に咲いている花は、過去に種を植えたからなんだ。今、種を植えなければ未来の花は咲かないよ」と投資の重要性を語り、「挑戦するから、失敗するんだ。挑戦しなければ、失敗もしないが成功もしない」ということを教えてくれたのです。

経営者の中にも、「失敗」の重要性をとてもよく理解されている方々がいらっしゃいます。その方々の共通点は、会社が成長しているということです。時代の変わり目にあっても素晴らしい業績を上げているのです。

そんな経営者のお一人が、先日私に「経営者の中には残念な考え方をする人もいるんですよね」と語ってくれました。その方がある経営者の講演会に出たところ、壇上で自社の社員のミスを名指しで指摘したと言うのです。その方は「聞くに堪えなかったです。何度も何度も同じことを言っていて……、『この人の会社は大丈夫なのだろうか？』と本気で心配してしまいました」とおっしゃっていました。私もまったく同感です。講演会で自社の社員のミスを名指しで口にする経営者は、自分自身の役割も、失敗に対する捉え方も、社員の気持ちも……何もかもわかっていないなと思います。それを公にしたところで正直何のメリットもありません。

ご自身の財産などを担保にして運営資金を捻出している経営者が「他の社員の生活もかかっているんだし、脳天気に取り組んで大失敗した社員には小言の1つくらい言いたくなるよ」と思う気持ちがわからないわけではありません。

けれども、再度申し上げますが、講演会で小言を言ったところで周囲から「大丈夫？」と思われることはあっても「素晴らしいね」と言われることはありません。自分が損するだけです。

だからこそ**「失敗を糧にする考え方・行動、そして仕組み」を明確化し、「失敗するから変化・成長できる」という流れを社内で根本的に確立する必要がある**と思うのです。

「失敗」の責任を個人に押しつけない

アマゾンでは、事業の失敗を個人に負わせません。

アマゾンでは、プロジェクトの提案者がプロジェクトリーダーになるのが基本（193ページ参照）ですが、たとえそのプロジェクトが軌道に乗らず、サービス終了となったとしても、その責任をプロジェクトリーダーが負うことはありません。降格や減給の処分が下されたり、その後の昇進に響くといったことはないのです。

それはなぜ可能か、といったことを解説していきます。

どんなに頑張って予想しても、30%はコントロールできない

これは15年間アマゾンで働いてきた私の肌感覚で算出した数値で、決して明文化されている数値ではないのですが、アマゾンでは**「70%はコントロールできるかもしれないけれど、残り30%はコントロールできない」という大前提で物事を考えている**と思います。

コントロールできない「残り30%」とは、外部環境の変化です。2020年初頭に世界中を襲ったコロナ・ショックなどはその典型です。「世界的なパンデミックが起こる」と想定していた人はいても、「2020年初頭に、このような規模で感染拡大する」と予想できた人は正直いなかったのではないでしょうか。

コロナ・ショックは「コントロールできない外部環境の変化」の非常にわかりやすい例ですが、さまざまなデータを駆使して未来を予想しても、3割程度は想定外のことが起こってしまうわけです。

どんなに頑張ってもコントロールできないことが3割もあるのですから、外部環境次第でうまくいくこともあれば、うまくいかないこともあるわけです。そのため、新規プロジェクトがうまくいかなかった場合の責任を担当者に押しつけるという発想がアマゾンには無いのです。

たとえ反対だったとしても、決まった以上は全力を尽くす

また、アマゾンのＯＬＰ（57ページ参照）の一条に「Have Backbone; Disagree and Commit」というものがあります。「意見を持ち、議論を交わし、納得したら力を注ぐ」という意味です。

大規模な新規プロジェクトを進める場合などは、当然ながら会議などで非常に細かい部分まで詰めていきます。人格を攻撃しないように配慮しながらも、会議の参加者は内容に不備がないかを徹底的に探そうとします。また提案に反対の立場であればしっかりと立場表明をします。

けれども、会議でいったん合意をしたら、たとえ個人的に反対意見を表明した人であっても合意内容に則り、全力でサポートする必要があります。プロジェクトがうまくいかなかったときに「だからあのときオレは一人反対したんだよ、『そのやり方じゃうまくいかない』って」などと後で蒸し返すのは、アマゾンでは禁句。卑怯なや

り方と見なされ、評価が下がってしまいます。

つまり、アマゾンにおける合意はそれほど重いものであり、参加者が合意した時点から参加者全員で責任を共有しているわけです。

そもそも**プロジェクトの成否の責任は「誰か」に属するものではなく、敢えて「誰か」に属するのであれば経営陣**だと考えていると思います。

「チャレンジした人が損をする仕組み」では誰も動かない

日本のある組織では、大学卒業時（＝入社時）の成績がそのまま同期の序列となっているそうです。ただし、ミスを犯すと降格され、序列が変わります。決してミスの許されない現場であれば、このような評価制度が功を奏す気がしますが、この評価制度を企業経営の場に導入するとどうなるでしょうか？　誰もが「失敗したら評価が下がる。うまくいくかどうかわからないことはやめておこう」と考えるはずです。

「失敗の責任を個人が負う」という評価制度の下で組織が運営されれば、メンバーが

「失敗するのが怖い」と思ってしまうのは当然です。

ですから、経営者など人事評価制度に関する権限を持っている人は、失敗の責任を個人に負わせない評価制度（少なくともマイナスにはならない評価制度）を確立するべきです。いくら口で「思い切ってやってみろ」とチャレンジを促したところで、動いた人が損をする仕組みでは誰も動かないでしょう。

なお、アマゾンでは「成功したか？　失敗したか？」以上に「成功から何を学んだか？　失敗から何を学んだか？」を重視して人事評価を行っています。

あるプロジェクトを担当した社員がいるとします。その人物が「どのような考え・行動でプロジェクトを進めたか？」「予想どおりに進まなかった点をどう分析し、どのような対処をしたのか？」「そこからわかったことを踏まえ、さらにどのようなアクションをしたか？」「今回のプロジェクトを通して学んだ経験を今後どう生かすつもりか？」といったことを見ていきます。つまり、ＰＤＣＡ（Plan→Do→Check→Act）を主体的に回してきたかどうかを評価しているのです。

採用率はわずか1〜2%、それでも社員は提案し続ける

アマゾンでは「70%はコントロールできるかもしれないけれど、残り30%はコントロールできない」という大前提で物事を考えている――前項でそのように書きましたが、アマゾンの社員が「30%はコントロールできないんだから、勝負は時の運。収益予想をしっかり立てる必要や、事前準備を頑張る必要は無いよね？」という感じかと言えばまったく違います。

「自分たちでコントロールできる70%」に関しては、「これ以上は無理」と言うほど数字でしっかり詰めることを要求されます。大規模なプロジェクトに関しては、アメリカ本社の決裁となるわけですが、さまざまな質問に、数字で、論理的に、納得のいく形で答えられない限り、「ＯＫ」の返事をもらえることはありません。

ちなみに「提案がどれくらい実際に採用されるか？」ですが、これは1〜2％程度だったと思います。アマゾンジャパンから毎年100個提案したとしても、最終判断を行うシアトルのアマゾン本社から実際に「それを進めてね」と言われるのはわずか1、2個でした。

アマゾン本社も「良い提案ならばすべて実行したい」という気持ちはあると思います。けれども、世界17ヵ国で展開しているわけですから、各国が100ずつ提案したと仮定すれば単純計算で1700の提案が上がってきます。その提案に優先順位をつけていく必要があるのです。イメージとしては「1700個の提案の中でTOP100にランクインしたところで何の意味もない。TOP10に入って初めて検討される」という感じです。〝超狭き門〟なのです。

そのような狭き門なので、こちらが「ぜひとも実行したい」と思っていることであっても却下される可能性があります。その場合は、粘り強く何度も提案します。

私は入社翌年の２００１年に「Amazon.co.jpのサイトに代引決済の機能を追加したい」という提案をシアトルのアマゾン本社に提案し、採用してもらいました。

アマゾンショッピングサイトは表向きは各国ごとに運営されていますが、裏側のシステム部分は１つにまとめて運営されています。２００１年当時、アメリカではクレジットカード決済が主流だったため、代引き決済機能が存在しませんでした。ところが２００１年当時の日本では現金決済が主流だったので、「代引き機能を搭載すれば、日本市場での売上はこれくらい伸びることが予想できますよ」と数字を示して提案したのです。ただ、当時は日本市場での売上が15％程度だったこともあり、「そのような大規模な機能追加を、シェア15％のためにやるべきか？」という議論は当然あったと思います。2回却下されながらも3度目の提案をし、「だったらやろう」という返事が来たのです。

「今は」の注釈をつけて、提案の採用を見送る

では、なぜたった１～２％の採用率なのに、世界中のアマゾン社員が何百、何千もの提案をするのでしょうか？

それは採用可否を判断する上司（アマゾン本社のシニア・ヴァイス・プレジデント＝ジェフ・ベゾスに次ぐＮＯ．２）が、

「今はＮＯだ！　でも諦めないで何度もチャレンジしてくれ」

と「今は」の注釈をつけた上で、提案者をしっかり励ますからです。

この言葉は、リテール部門が「Amazon.co.jpのサイトにアマゾンポイントを導入したい」という提案をアマゾン本社にしていた頃にかけられたものです。アマゾンでもＣＤを販売していたものの、ＣＤは再販制度に守られていて値引きは出来ません。けれども、タワーレコードやＨＭＶなどのリアル店舗ではポイント制度を導入し、実質的には値引きと同等のサービスを展開しています。「アマゾンで購入してくださる

お客様にも何か良い形で還元できないか?」と考えた結果のアイデアがアマゾンポイントだったのです。

記憶ベースではありますが、アマゾンポイント導入の提案はたしか5年間くらい却下され続けたと思います。

けれどもそのたびに、当時の小売り担当のトップであるシニア・ヴァイス・プレジデントが、

「今はＮＯだ。でもチャンスは来るから、またチャレンジしてくれ」

と言うのです。「ＮＯ」と言った張本人がその直後に「諦めるな」と言うのですから、内容だけを見ると矛盾しているのですが、言われたこちらとしてはすごくやる気になり、「よし、諦めずにまた提案するぞ」という気になるのです。

シニア・ヴァイス・プレジデントが言いたかったのは、

「その案が悪いわけではないよ。今はたまたま採用されないけれど、市場の変化などでしかるべきタイミングが来たら採用される可能性があるよ。だから熱意を失わず何

度でも提案してね」

ということです。

アマゾン本社の経営陣のこの発言の裏には、「将来どうなるか見通せる人なんて誰もいないだろう」という、「コントロールできない30％」の存在があると思います。しかも「この提案はダメだ」とは言ったわけではなく、「今はこの提案は通せない」と含みを持たせて返事をしているわけですから、市場環境が変わった際には堂々と「GO」の指示を出すことが出来ます。

モテる人が言い寄ってくる相手に「君と付き合う可能性は無いわけじゃないよ」と言っているような感じではありますが（笑）、言われた側もモチベーションを下げずに済むのです。私は「うまい言い回しだなあ」と感動すら覚えました。

多くの企業が、アイデアやプロジェクトなどの提案された内容を「その場で」判断してしまっているのではないでしょうか。そして、一度〝お蔵入り〟になった提案は、二度と日の目を見ることがないのだとしたら、それは非常にもったいないことです。

アマゾンでは、以前は経営企画に相当する人物が生き字引的に存在していました。シニア・ヴァイス・プレジデント等の決済担当者に、必要なタイミングで過去の提案内容を思い出させ、良い提案を実現させていたそうです。現在は議事録などをデータベース化し、良い提案が忘れ去られない仕組みを構築しているようです。

良い提案はお蔵に入れず、うまく寝かせて、熟した頃に取り出す――さまざまな企業が参考にしても良い考え方・行動のしかたではないかと思います。

ただし、すべての提案が却下されないのかと言えば、そんなことはありません。「お客様の満足度を向上させない提案」に関しては、たとえアマゾンの利益を大幅に押し上げるものであっても、チーム内での議論の時点で「却下」の判断が下されます。

撤退条件を数字であらかじめ設定する

私はよく「ロングタームで物事を考えるアマゾンですが、新規プロジェクトの撤退期限や撤退条件などは存在するのですか?」と聞かれます。「もちろんあります」と答えています。

新規プロジェクトを立ち上げる際、あらかじめ「Roll Back Plan（ロールバック・プラン）」を企画書に盛り込んでおきます。日本語に訳すと「撤退戦略」となります。投資額の回収期限、ステージごとの目標金額、目標金額を達成できる数字的根拠、目標達成期限を記載します。これらを明確にし、「このような段階に進んだら次の段階に移る」、逆に「さまざまな手段を駆使しても目標を達成できないのなら撤退する」といったことは決めています。

回収期間を「2年以内」として考える

読者の皆さんがよくご存じのとおり、新規プロジェクトは内容にかかわらずすべて「投資」なのですから、「投資額を回収できること」が最低条件となります。ここを無視すれば赤字を垂れ流すことになり、企業として存続できなくなってしまいます。

その上で、「回収期間」も重要になってきます。**アマゾンの場合は「2年以内」を基本的な回収期間として設定**し、プロジェクトの企画を立てていました。ただし、すでに解説したとおり、アマゾンでの提案採用率はわずか1～2％です。「2年以内で回収可能」よりも「半年以内で回収可能」というほうがアマゾン本社で採用される可能性は当然高くなります。プロジェクトの採用率を高めるという意味でも、お客様への還元を早めることができるという意味でも、「より短い期間で投資額を回収できないか？」は、常に考える必要がありました。

また、これはアマゾン本社の幹部から教えてもらったことで、特に明文化されているものではないのですが、「投資額の回収期間は2年以内」の基本ルールとは別に「7年ルール」という暗黙のルールも存在しているようです。ジェフ・ベゾス他経営陣が「開発に長い期間をかけなければ実現しない」と見なしたプロジェクトに対しては「7年間頑張ってみよう」というもので、「Single Detail Page（シングルディテールページ）」（101ページ参照）は7年ルールのおかげで誕生したのだとその幹部は言っていました。

目標金額だけでなく、ＫＰＩを設定しているか？

　投資額の回収はクリアすべき最低条件ですが、その次の段階、さらに次の段階……といった目標が出てきます。

　この目標設定の際に大事なのは、目標金額だけでなく、**「目標金額を達成するには、誰がどのような行動をどの期間内にどんな頻度でとるべきか？」**というレベルまで分解し、数字で設定する必要があります。世間ではこの数値のことを「Key Performance Indicator（キー・パフォーマンス・インジケーター）＝ＫＰＩ（ケーピーアイ）」と呼び、アマゾンの社内では「Metrics（メトリックス）」と呼んでいます。

ＫＰＩ設定の重要性については第5章で詳しく解説しますが、要は「誰がどのような行動をどの期間内にどんな頻度でとると理論上は目標を達成するはず」という仮定を作り、そのとおりにまずは行動してみる必要があります。その上で、うまくいったところとうまくいかなかったところをあぶり出し、改善を加えていきます。改善をやり尽くしたものの、期限内に目標に届かなければ撤退となるわけです。

アマゾンを退社後、さまざまな企業のお話を聞いてきましたが、「目標金額」（＝求めたい結果）はあらかじめ設定されているものの、「ＫＰＩ」（＝求めたい結果を生み出すための要因）が仮設定されていないケースが多いのです。ＫＰＩを決めないことには、うまくいっている理由も、うまくいっていない理由もわからないので、何をどう改善していいのかわかりません。

あなたの企業では、「投資額の回収期間」と「ＫＰＩ」を設定した上でプロジェクトを進めていますか？

失敗の確率を最小限に抑えるアマゾンのルールや仕組み

「挑戦に失敗はつきもの」と考えているアマゾンですが、だからといって「失敗してもも仕方ないよね」と考えているわけではありません。「人事を尽くして天命を待つ」の格言ではないですが「自分たちにできることはすべてやり尽くそう。そこまでやってダメなら諦めがつくから」という感覚です。

そのため、新規プロジェクトの失敗の確率をできるだけ下げられるよう、さまざまなルールや仕組みを設定しています。

第3章のまとめとして、代表的なルールや仕組みを7つ紹介していきます。

ルールや仕組み①／少しずつ「封筒」を広げる

アマゾンには「エンベロープを広げる」という言葉があります。エンベロープとは封筒のこと。封筒の中に手を入れて、グーっと伸ばして大きくしていくイメージです。ほんの少し広げて大丈夫だったら、また少しだけ広げてみる。そんなふうに少しずつ……を繰り返して、封筒を大きくする——新しいプロジェクトもまったくこれと同じ感覚でスケール化していくわけです。私の著書でも再三述べてきたのでご存じの方も多いと思いますが、あらためて解説させてください。

例えば、Amazon.co.jpで、あるジャンルの飲料を取り扱い開始したいと考えたとしましょう。そのジャンルの飲料を販売しているメーカーが全国に１００あって、各メーカーとも10商品扱っていたとします。つまり、「１００メーカー／１０００商品」あるという仮定です。このとき、アマゾンがいきなり１００メーカーと契約を結び１０００商品を扱い始めるかといえば、それはしません。「新ジャンルの飲料を扱うことでどのような問題が生じるか?」が検証できていないからです。

では、どうするか? まずは1社ないしは2社と契約を結び、10商品あるいは20商品で取引を開始します。そして、この段階で出てきた問題をクリアできると確信したら、次は取引先を10社に増やし、100商品を扱い、問題点を洗い出します。この段階もクリアできたら50社に増やし……と拡大していって、最終目標である「100社/1000商品」に到達するのです。

アマゾンのグローバル・ミッションは「地球上最も豊富な品揃え」なので、「そのジャンルの商品をすべて取り扱う」が最終目標であることに変わりません。ただし、その最終目標に到達するまでのプロセスはとても慎重なのです。

2009年にAmazon.co.jpで「当日お急ぎ便」というサービスを開始した際も、非常に慎重でした。プラス500円で関西地方・関東地方へ注文当日にお届けするという内容で開始したのですが、実はお客様にサービス開始を告知する前に何度も「本当に当日中にお届けできるか?」のテストを繰り返していたのです。関西地方・関東地方でご注文されたお客様から無作為に何名か抽出し、当日届けてみたわけです。

「注文の品は明日届くだろう」と思っていたお客様は、その日のうちに届いてびっくりしたようですが、「予定日に届かない」と怒る人はいても「早く届いた」と怒る人は（クリスマスや誕生日のギフトなどを除けば）基本的にいませんので、嬉しいサプライズと受け取ってくださったようです。そんなふうに、実際のサービス開始前に、何度もテストを行います。

さらにその後、開始時の当日お急ぎ便の適応条件に合うオーダー全てが、通常のオペレーションで間違いなくお届けできるか確認し、それが一定のレベルに達した時点で初めてお客様に告知を行うのです。

では、なぜアマゾンはそこまで慎重に慎重を重ねてサービスを拡充していくのか？その前提には「お客様の期待を絶対に裏切ってはいけない。一度でも信用を失ってしまうと、回復するまでに長い時間がかかる」という強い思いがあります。アマゾン側の不備によって、届くはずの商品が届かなかったり、商品が壊れていたりしていてはいけない。だからこそ何度もテストを繰り返し、ミスをつぶしていくのです。

一気呵成に勢いよく展開することで過去に失敗した経験があるようでしたら、「小さく広げる」というパターンを試してみるのも良いでしょう。

ルールや仕組み②／「ＡＢテスト」を始めとする、さまざまなテストを行う

また、お客様のリアルな反応を把握し反映するために、ＡＢテストは常に行っています。

わかりやすい例としては「Amazon.co.jpのレイアウトを変える」「購入ボタンの色や文字フォントを変える」などです。ランダムに抽出したＡ群のお客様には変更前の仕様、ランダムに抽出したＢ群のお客様には変更後の仕様でサイトを表示させ、どちらのグループのほうがクリック率が上がるか――などを検証するわけです。

初期のAmazon.co.jpは、商品カテゴリーが少なかったこともあり、タブ表示されていました。そのタブの隙間を数ミリ空けた場合とそうでない場合でどちらのクリック率が上がるか、といったテストも行った記憶があります。

また、アマゾンでは、サイト上だけでなく、配送に関してもテストを行うことがあります。例えば、新しい素材や形状の梱包材を導入する際、「その梱包材で梱包して、壊れずに到着するか？」を見きわめる必要があるからです。

ただし、この場合はお客様に直接お届けする方式でテストを行うことはありません。万が一、お届けした商品が破損していたら、お客様の期待を裏切ってしまいますから、「社員が注文し、社員の自宅に届けてもらう」などの方法でテストを行っています。

私が「代引きをAmazon.co.jpの決済機能に追加してもらう」というプロジェクトの責任者だったときは、私の自宅に商品を届けてもらいました。

まずアメリカ本社のシステム担当者にお願いして、Amazon.co.jp上で「代引き」を選択できるよう変更してもらいます。ただし、代引きが追加されたページは私および関係者しか閲覧できません。そのページにアクセスし、条件を設定しながら商品注文を繰り返します。「この2商品は受け取る」「この4商品は『やっぱり全部いらないです』と受け取りを拒否する」「この3商品は『2個だけ受け取るけれども、1個はいらないです』と言う」などです。このようなテストを繰り返すことで、「配送業者さんとアマゾンの間で払い戻しがスムーズかつ正確に行われているか?」なども含めてチェックしていました。

ただ、配送業者さんに自宅の玄関口で受け取り拒否を伝えるのは非常に心苦しかったです。こちらが正体を明かしてしまうとテストにならないからなのですが、「実はアマゾンの社員のものです。今、テスト中なんです。無茶言ってすみませんでした」とお伝えしたい気持ちでいっぱいでした。

いかがでしたか? あなたの会社では、さまざまな段階でテストを行いながらプロジェクトを進めていますか?

ルールや仕組み③／さまざまな「データ」を取得し、日々チェックしている

さまざまなテストを頻繁に行っていることからもわかるとおり、アマゾンはデータ

を非常に重視します。

ですので、世界各国のアマゾンが、さまざまな角度から日々データを取っています。そして、それらのデータは「データウェアハウス」という名前のデータベースとしてまとめられていて、社員であれば誰でもアクセスが可能です。自分たちの現場で通常と違う動きがあり、けれどもその原因がわからない場合には、よくこのデータベースにアクセスし、原因を解明していました。

「何か大きな問題が生じてから専門チームを結成し、詳細なデータを集め、原因究明にあたる」という考え方の企業がありますが、アマゾン出身者の個人的意見としては「反対」の立場です。

これは自動車の運転に例えるとわかりやすいと思います。

「何か大きな問題が生じてから専門チームを結成し、詳細なデータを集め、原因究明にあたる」というのは、普段はスピードメーターしか見ずに運転していて、自動車にトラブルが生じて初めてタコメーター（エンジンの回転数がわかる）やトリップメーター（区間走行距離がわかる）や燃料計（ガソリン残量がわかる）を見る……ということと同じだからです。それよりも、さまざまなメーターを見ながら走行した方が、ちょっとした変化に素早く気づくことができます。その方が「事故やトラブル＝失敗」の確率は低くなり、「安全に走行＝成功」できると思うのです。

あなたの会社では、日々のデータを取得し、常にチェックしているでしょうか？

ルールや仕組み④／「同じデータ」を見て分析をする

「同じデータを見て分析する」ということは失敗の確率を下げる上で非常に重要だと私は考えています。**各部署が自分たちの意見の〝説得材料〟としてデータを都合良く取得あるいは加工する危険性を避ける**ことができるからです。

よく耳にするのは「営業部は営業の現場で得た情報をもとにデータを作成し、自分たちの提案書に説得材料として加える。一方、マーケティング部もマーケティングの現場で得た情報をもとにデータを作成し、自分たちの提案書に説得材料として加える。結局のところ、どちらがベターなのかを比較しようがないので、社内勢力の強い部署の意見が通る」といった事態です。これは、データを集める意味が薄くなってしまいます。

ルール③でさきほどお伝えしたように、アマゾンでは世界各国のアマゾンのすべてのデータが1つにまとめられています。それらは「Raw Data（ローデータ）」、つまり何も手を加えていない状態のデータであり、部署の垣根は存在せず、部署ごとの独自の視点も盛り込まれていません。

そのようなデータだからこそ、さまざまな部署の担当者が集まって会議を開いても「問題はどこにあるのか？」「改善のポイントは何か？」という〝正解〟を自分たちの立場や主張を脇に置いて冷静かつ俯瞰して見出すことができるのです。

あなたの会社のデータベースは、1つにまとまっているでしょうか？　部署ごとに独自の視点でデータを収集していませんか？

ルールや仕組み⑤／ＰＤＣＡの「ＣＡ」にこだわる

アマゾンを離れて日本企業の経営者や管理職の方々の相談に乗るようになり、痛切に感じていることがあります。その1つが、「日本企業はＰＤＣＡ（Plan→Do→Check→Act）の『ＰＤ』ばかりを大切にして『ＣＡ』をないがしろにしている」ということです。担当者に「しっかり振り返りをするように」といった声がけなどはするものの、「ＣＡ」のプロセスをしっかり行う仕組みを社内に構築できていないのです。

これでは「何が成功で、何が失敗だったのか?」もわからないし、「次回同様のことを行う場合、改善すべきポイントはどこか?」もわからないので、成長はできませんし、同じポイントで失敗する確率も高くなってしまうのです（私の既刊書で何度も触れてきましたので、既刊書を読んでくださった方々からは「くどい」と思われてしまうかもしれませんが、失敗の確率を下げるためには本当に重要なことなのであらためて書いています）。

アマゾンでは、1つのプロジェクトが終わると必ず「Post Mortem（ポストモーテム）」

と呼ばれる会議を行います。直訳すると「事後分析」、振り返りのための会議です。

私が最も長く在籍したオペレーション部門で最大のポストモーテムは、「ホリデーシーズン（クリスマス〜お正月）」をほぼ終えた後のものです。なぜなら、アメリカはもちろんのこと、日本でもクリスマスプレゼントの需要や年末年始休暇の需要により、一年のうちで入出荷量が最も多い時期だからです。アマゾンでは、ホリデーシーズンを乗り切るための対策を「ホリデープラン」と名づけ、万全の体制で臨んでいます。

さて、そんな激動のホリデーシーズンを乗り切り、年が明けた1月初旬、私たちは毎年ポストモーテムを開催します。オペレーション部門では、日本全国のサイトリード（倉庫の所長）他十数名を電話回線で繋ぎ、振り返りを行っていました。議題は「今年の12月〜翌年1月のホリデーシーズンに向けて」です。約1年後に向けて、データを見ながら、「1つの倉庫特有の問題だったのか？　全国的な問題だったのか？」などを仕分けしつつ、「今回のホリデープランはどんな点がうまくいったか？」「逆に、どこがまずかったか？」「次回はどういうふうにすべきか？」などをじっくり話し合うのです。

ポストモーテムは、大きなプロジェクトの終了直後はもちろん、小さなプロジェクトの直後にも必ず行われます。「プロジェクトの直後に、次回に向けて話し合い、その対策を共有する」という流れが、どの部門でも当たり前のものとして確立されています。

やり慣れないうちは手間がかかると感じるかもしれませんが、長い目で見ると非常に効率的です。アマゾンではプロジェクトの直前にも話し合いの機会を持ちます。例えばホリデーシーズン直前の話し合いの場合、もしもポストモーテムをしていなかったら、「ええっと、前回はどんな感じだったっけ……?」とデータを再収集したり、思い出したりするところから始めなければなりません。ところがすでにポストモーテムを行って対策を話し合っておけば、プロジェクト開始直前の話し合いは対策の確認だけで済むのです。

絶対にこちらの方が効率的ですし、成長のスピードや角度が上がります。ぜひ「CA」を習慣化する仕組みを導入してみてください。

ルールや仕組み⑥／「トラブル」が起こった際の対処システムがある

チャレンジする限り、アクシデントやトラブルは必ず生じます。失敗の確率を下げることも大事ですが、アクシデントやトラブルが起こったときにその被害を最小限に食い止める仕組みを並行して作っておくことも重要です。

アマゾンには「Remedy Ticket System（レメディーチケットシステム）」という仕組みがあります。「Remedy」は日本語で「治療」や「癒やし」の意味を持つ言葉なので、「問題を治療するためのチケットが出る仕組み」といったニュアンスです。アマゾン社内で何か問題が生じると、問題解決の担当となる部署に「トラブルチケット」と呼ばれるチケットがウェブ上（メールなど）で自動的に配信される仕組みが構築されているのです。

お客様に与えるインパクトの大きさにより5段階に分けられており、最もインパクトの大きな「1」クラスの場合、トラブルチケットを受け取った部署はすべての作業を中断し、即座に解決にあたる必要があります。

以前、私が書籍のバイヤーの責任者だったとき、あるお客様から「本に記載されている価格とサイト上の価格が違っている」という連絡がカスタマーサービスに入りました。そこでカスタマーサービスは、即座にトラブルチケットを発行し、担当である私のところに送られてきました。調べてみると、サイトに表示した価格は間違っていませんでした。出版社が本の価格を変更したようで、お客様の手元にあったのは価格変更前の本だったのです。この内容をカスタマーサービスに連絡し、カスタマーサービスがお客様に連絡。問題は解決されました。

部署間で連携を取りながら、会社全体でトラブルを解決していく仕組みを作っておくと、アクシデントやトラブルに冷静かつ迅速に対処できます。また、その解決プロセスをデータベース化しておくことで、社内の解決能力はさらに高まります。

そのような仕組みがまだ構築されていないようでしたら、ぜひ検討してみてください。

ルールや仕組み⑦／マネジメント側が「お金の話」をしない

「お金」とは、すなわち「達成したい売上や利益」のことです。

経営陣やマネジメント層が売上や利益のことばかり口にし、売上や利益に現場の社員の意識を向けさせると、失敗の確率は上がります。求められる結果が出なければ、現場の社員は無理矢理帳尻合わせをするしかなくなります。近年話題となった保険商品の不正販売問題のように、マネジメント層がお金のノルマだけを突きつけると、このような不祥事が起こる危険性が高まります。

第1章の「Virtuous Cycle（バーチャス・サイクル）」のところで述べたように、アマゾンのビジネスモデルにはそもそもお金に関する用語は盛り込まれていません。売上や利益といった「結果」ではなく、「どのようにすれば売上や利益が上がるのか？」という「要因」について触れているだけです。

ですから、経営陣やマネジメント層は「部署全体で○○○万円の売上を上げよう」と伝えるのではなく、この部分は（　）内に入れて、現場の皆さんにはさらにブレイクダウンして「要因」を伝えた方が良いと私は思っています（詳しくは第5章で解説します）。

つまり、「（部署全体で○○○万円の売上を上げよう。そのためには週平均□社の新規契約を取りたい。だから……）あなたには1週間で△件の電話アポイントメントを入れてほしい」といった具合です。

アマゾンの倉庫では「毎日の出荷率」をとても重要な指標としていました。出荷率が１００％であればＯＫ、95％であれば未達なので改善の必要あり、逆に１２０％でも何かしら改善の余地あり（スタッフの配置入れ替えなどが可能）だからです。

ただし、毎日の出荷率を１００％にするためには、進捗状況を細かく把握する必要があります。そうでなければ途中修正が利かないからです。また、現場で働く人すべてが目標と現状を共有していなければ、そもそも修正など不可能です。アマゾンの倉庫では「13時～14時の1時間に○○件の商品を出荷しよう」というように「毎時間の出荷率」の目標を立て、倉庫で働く人たちがひと目でわかるように「13：00～14：00　95／１００」といったように、1時間過ぎる毎に「時間　達成率」をホワイトボードに大書していました。

経営陣やマネジメント層が社員の皆さんに対して「お金」の話をしないということは、「売上や利益を無視する」ということではありません。

「その売上や利益を達成するために、自分はいつまでに何をすべきなのか？」ということをすべての社員が理解しているという状態を作るということです。

つまり、すべての現場のＫＰＩを設定する必要があります（ＫＰＩの作り方については第5章で詳しく解説します）。

初めは少し難しいと感じるかもしれませんが、自分のやるべき行動を一人ひとりが明確に理解し行動すると、その組織は非常に大きな力を発揮します。

「売上が上がらない」「利益率が低い」と悩む会社ほど、経営陣やマネジメント層が

「お金」の話をせず、失敗を怖れず仕事に注力できる仕組みを作ることに集中すべきです。

第4章

変化を「習慣化」するための行動・思考

「Still Day One.」まだ始まったばかりさ

この第4章では、「変わり続ける力」を維持するために、アマゾンの社内でどのような価値観が共有されているか、どのような日常会話が交わされているか、どのようなテストが行われているか……などを具体的に紹介していきます。

まず初めに紹介するのが「Still Day One.」という合言葉です。

直訳すると「まだ1日目」、口語訳すると「まだ始まったばかりさ」という意味になります。

アマゾンの社員がこの言葉をよく口にするのは、大きなプロジェクトが一段落ついたとき。つまり、**この言葉を自戒の念を込めて使う**のです。

私はアマゾンでの15年のうち10年間はオペレーション部門に在籍し、最終的な肩書きはディレクターでした。オペレーション部門とは、物流担当のこと。倉庫の日々の入出荷管理はもちろん、新たな倉庫の立ち上げなどもオペレーション部門が担当します。私は、市川、八千代（いずれも千葉県）、堺（大阪府）、川越（埼玉県）の倉庫の立ち上げを担当してきました。

オペレーション部門に在籍する人間にとって、新たな倉庫の立ち上げはビッグイベントの1つです。倉庫のコンセプト、レイアウト、スタッフ採用……など、実際に倉庫が稼働するまでにやるべきことは無数にあります。しかもそのプロセスを、通常のオペレーションに支障をきたさないように行わなければならないわけですから、非常に大変なのです。

そういった無数のプロセスをクリアし、新しい倉庫が稼働する日の前夜などは非常に感慨深いものがあります。アマゾンのカルチャーとして「何かお祝い事があるとピザを食べる」という習慣があるのですが、稼働前夜などは関係者が集まってピザパーティーなどをします。

ここまでよく頑張ったね、とお互いを称え合います。けれども、それだけでは終わらない。その後に付け加えられる言葉が「Still Day One.」なのです。

このひと言を交わすことで、「明日からが本番」という当たり前の事実に気づかされます。**興醒めしたり、沈んだ気持ちになったりはせず、「よし、明日からやるぞ」というONのスイッチが入る合言葉**なのです。

怒濤のクリスマスシーズンを乗り切り、その振り返りミーティングを行った後に「Still Day One.」。

新規事業が無事にスタートし、目標以上の結果を得られた後に「Still Day One.」。

さまざまな部署で「Still Day One.」という言葉が使われています。

今日はゴールではなく、新たなチャレンジ・成長へのスタート――まさに「変わり続ける力」を象徴する合言葉です。

「永遠の成長」を促す合言葉はあるか？

2020年11月、天才棋士として知られる藤井聡太さんが、4勝0敗で王位の座に就き、2冠目を手にした就位式後の会見で、インタビュアーから「今は山の何合目か」と聞かれたそうです。それを受けて藤井さんは「将棋にはどこまで行っても頂点はないと思います。どこまで行っても強くなるための努力を続けないといけません」と答えたそうです。

そのエピソードをニュースで知り、私は「『Still Day One.』の感覚にとてもよく似ているな」と思いました。そして18歳の青年がそのような感覚で本業に取り組んでいらっしゃることに感動し、学ばせてもらいました。

将棋も、ビジネスも、無限の高みがあって、どれだけ高みを目指し進んでも〝登頂〟できない。だからこそこれほど多くの人を魅了するのでしょう。

逆に言えば、そのような感覚で仕事に取り組めば、永遠に成長し続けられるのだと思います。

あなたの会社に「永遠の成長」を促す合言葉は存在していますか？

変化を促す3つの原動力
Listen, Invent, Personalize

第1章の「不変の企業理念」のところでも解説しましたが、アマゾンのグローバル・ミッションの1つが「地球上で最もお客様を大切にする企業であること（Earth's most customer centric company）」です。

「centric（セントリック）」とは、日本語に訳すと「中心の」という意味です。最近は「Customer Centricity（カスタマー・セントリシティ）」、すなわち「顧客中心主義」という言葉がさまざまな業界で使われていますが、アマゾンは先駆けの企業であると言えるでしょう。

では、具体的にどのような意識を持ち、どのような行動をすることが、「カスタマー・セントリシティ」のビジネスと言えるのでしょうか？

ジェフ・ベゾスが、お客様を大切にするとはどういうことかをあるインタビューで語っています。そこに「変わり続ける力」のヒントがあると思いますので、そのやりとりの概要を紹介します。

理念を実現するために必要な行動を３ステップに分解

インタビューが行われたのは２００１年のことです。

ある人がジェフ・ベゾスに、

「あなたは非常にカスタマー・セントリック・フォーカス（顧客中心主義を徹底している）な人ですね。お客様に軸足を置いてビジネスを展開しているのが、私たちが見てもよくわかります。

そんなあなたに１つ質問です。

お客様って、常に正しいと思いますか？」

と尋ねたのです。

お客様が間違ったことを言うかもしれないですよね、そんなときどうするの――という意味で聞いたのでしょう。

その質問に対して、ジェフは、

「私たちのグローバル・ミッションは、あなたのおっしゃるとおり『地球上で最もお客様を大切にする企業』になることなのですが、そうなるために3つのことを大事にしているんです。

その3つは、**①Listen（しっかりと聞く）、②Invent（イノベーションを起こす）、③Personalize（1人ひとりに最適化する）**です」

と答えたそうです。

Listen（しっかりと聞く）、Invent（イノベーションを起こす）、Personalize（一人ひとりに最適化する）――その3ステップが必要だと言ったのです。それぞれを具体的に解説していきます。

①Listen（しっかりと聞く）

1つめは**「Listen（しっかりと聞く）」**です。

お客様の声を聞くというのは、最も基本的かつ伝統的な手法の1つです。この段階に何の新奇性もありません。アマゾンは「古典的かつ王道を行く企業」と言っても過言ではありません。

ただ、やり切るという点においては、かつて在籍した人間から見ても凄みを感じます。「jeff@amazon.com」という、ジェフ・ベゾス直通のメールアドレスが一般公開されていることなどは典型例です。

ジェフ自身も「お客様の言うことを聞かなければfail（＝失敗）する」という表現を用いて、「Listen（しっかりと聞く）」というファーストステップの重要性をことあるごとに説いています。

ただ、「Listen（しっかりと聞く）」というファーストステップの次に「その声を商品やサービスに額面どおりに反映するのか？」というと、そうではありません。ジェフの話を私なりに解釈すると「Listen（しっかりと聞く）」という行動には「Focus（的を絞る）」という行動も含む必要があるのだということです。

世界初の量産型自動車を開発したヘンリー・フォードの有名な言葉に「何がほしいかと尋ねれば、人は皆『もっと速い馬』がほしいと答えるだろう（If I had asked people what they wanted, they would have said faster horses.）」という言葉がありますが、馬車しかなかった時代にお客様に「どんな乗り物がほしいですか？」と聞いても、たしかに「自動車」とは答えられないですよね。

それと同じで、お客様の声を「Listen（しっかりと聞く）」した上で、

「お客様が本当に望んでいることは何か？」

「その声をどんな方向性で解決することが望ましいのか？」

を検討し、ある程度絞り込みをするプロセスも必要です。その検討プロセスも含めて、ジェフは「Listen（しっかりと聞く）」と表現しているのです。

②Invent（イノベーションを起こす）

お客様の声をしっかり聞き取った上で、本当に望んでいることを理解し、どのような方向性で解決するのが望ましいかを絞り込んだら、2つめの**「Invent（イノベーションを起こす）」**に移ります。

改善、改良という意味を示す「Improve」ではなく、創造、発明、イノベーションなどの意味を表す「Invent」をアマゾンでは使います。それによってアマゾンの社員は「今までに存在しなかった新しいものを創造できないか？」という視点で考える習慣が身についています。

ただ、さきほどのヘンリー・フォードの有名な言葉からも明らかなように、「今までに存在しなかった新しいもの」は、お客様にいくら聞いてもわからないのです。

ですから、

・ニーズはお客様からお聞きする

・ニーズを満たすアイデアを考え、具現化するのはアマゾン社員

と区別しています。

つまり、「Invent（イノベーションを起こす）」の段階では、お客様を巻き込んだり、お客様の意見を求めたりすることは基本的にありません。

ここで余談を挟みます。

私の著書でも再三述べてきましたが、アマゾンは新しいサービスの開始に対して非常に慎重な企業です。「サービス開始後に問題や不具合が生じてしまうと、それを使ってくださったお客様を失望させることになるから」というのが唯一の理由です。そのため、第3章でも触れたように、テストにテストを重ね、少しずつ規模を大きくしながらサービス開始を目指します。

そのため、数ヵ月も前に「○年○月に新サービス開始します」といった大々的な告知をほとんどしません。「よし、これで完全に大丈夫だ」という手応えを社内で得て初めて開始にGOを出すので、サービス開始の告知はかなり直前になります。気がついたら新サービスが始まっていた――ということの方が多いかもしれません。

また、当然ながら「同業他社が類似のサービスを始めるかもしれないので、開始を急ごう」といった判断も絶対にしません。「Invent（イノベーションを起こす）」によって生まれたものが「お客様の期待に応えられるものであるか?」だけを見ているのです。

③Personalize（一人ひとりに最適化する）

ジェフは、3ステップの最後に**「Personalize（一人ひとりに最適化する）」**を挙げました。「お客様一人ひとりを世界の中心に置く／主役になっていただく」というイメージです。

アマゾンのサイトは年間で何千とも何万とも言われるほどのアップデートを行っています。つまり、日々刻一刻と変わり続けています。そういったさまざまな変化を遂げていく際、大きな指針として大事にしているのが、**「お客様に『自分のために変わってくれたのだ』と感じていただけるかどうか?」**です。変えたことにより、「以前よりも使いにくくなったな」「以前のほうが親しみを感じられたな」「以前のほうが買いやすかったな」といった印象を受けてしまうのだとしたら、そのアップデートは失敗。これはサイト画面に限らず、すべてのサービスにおいて同様のことが言えます。

グローバル・ミッションの1つが「Selection（セレクション）＝品揃え」ということは第1章で解説しましたが、商品の品揃えに限らず、配送方法や決済手段などあらゆるプロセスにおける選択肢を増やすのも、「Personalize（一人ひとりに最適化する）」の一環と言えます。また、かつてはネット書店としてスタートしたアマゾンが、生活全般にビジネス領域を拡張していくのも、「Personalize（一人ひとりに最適化する）」から考えると至極当然です。

「企業理念」と「日々の行動」は、つながっているか？

Listen（しっかりと聞く）→Invent（イノベーションを起こす）→Personalize（一人ひとりに最適化する）――アマゾンの社員として仕事をしていた頃は当たり前のように感じていたプロセスでしたが、アマゾンを離れた今、あらためてアマゾンが「変わり続ける」ための原動力になっていると私は再認識しました。

どの言葉も非常にシンプルなのですが、個人もチームも全力を出し切らないと、これらの言葉の本意まで到達できません。しかも、しっかりと3ステップにプロセス化されているわけですから……すべての社員が日々の仕事の中で自然と「変わり続ける」ことになるわけです。

「お客様って、常に正しいと思いますか？」
……質問に対する回答

では、ここで本項目の冒頭に書いたインタビュアーからの

「そんなあなたに1つ質問です。

お客様って、常に正しいと思いますか？」

という質問に戻りましょう。

この質問に関して、ジェフ・ベゾスは「常に正しい」という答えを明確に持ってい

ます。「ただし」という注釈がつきます。「ただし、お客様の声を額面どおりに受け取り、そのまま反映するのではない。正しいステップを踏んだ上で、その声に応える必要があるのだ」というのです。

お客様が感じている「不」の部分は何なのか？　不快感、不満、不足……さまざまな「不」に耳を澄ませること。その上で、それらの「不」を取り除く方法を考えましょうというわけです。

Listen（しっかりと聞く）→Invent（イノベーションを起こす）→Personalize（一人ひとりに最適化する）の3ステップを紹介したのは、

「ウチの会社の企業理念、良いことと言っているとは思うのですが、具体的にどんな行動をすれば良いのか今イチわからないんですよ」

「企業理念と実際の社員の行動にギャップというか……、ベクトルが真逆な感じがするんですよね」

といった、企業理念と日々の行動とのギクシャク感をよく耳にするからです。

そんなときにオススメしたいのが、この「分解」という作業です。ジェフの場合は、3ステップに分解しました。そうすることで、アマゾンの社員たちが「そうすれば良いのか！」と理解し、行動に移すことができました。

あなたの会社では、具体的にどんな行動をすれば企業理念を達成できるのか、社員全員で共有されているでしょうか？

もしも「NO」という現状でしたら、分解し、企業理念と日々の行動との間に橋渡しをしてみてください。

あなたの会社にとって「真のお客様」は誰なのか？

私はアマゾンを離れた後、多くの日本企業の経営サポートに関わってきました。その中で、さまざまな相談をされます。

経営者の方からよくされる相談の1つに、

「アマゾンのように『顧客中心主義』を徹底して会社を変えていきたい」

というものがあります。けれども、少しお話を伺ってみると、「ん？」と疑問に思うことがあるのです。

その疑問は、

「あなたの会社にとって『真のお客様』は誰ですか？」

ということです。

これはB to Bのビジネスモデルの企業が陥りがちな傾向です。

デザイン会社にとっての「真のお客様」とは？

わかりやすい例を挙げて説明します。

パンフレットの制作を手がける、デザイン会社があったとします。そのデザイン会社は、ある大学のパンフレットのデザインを請け負っているとします。パンフレットは全国の高校に送付し、置いてもらいます。

このとき、デザイン会社にとっての「お客様」は誰なのでしょうか？

デザイン料を支払ってくれる「クライアント」は、大学です。

けれども、デザイン会社にとっての「真のお客様」は、パンフレットを手にする高校生なのです。

パンフレットを手にした高校生が「この大学、なんだかとっても素敵だな。受験してみたいな」と思ってくれる――それがパンフレットを制作する目的です。

より視野を広げて考えると、実は「パンフレットを作ること」は目的ではありません。パンフレット制作は、あくまでも手段の1つに過ぎません。**「大学と高校生の間にハッピーな関係を作る——そのための橋渡しをすること」が、実はデザイン会社の果たすべき本当の役割**なのではないでしょうか。

となれば、大学の魅力をわかりやすく伝えるパンフレットをデザインするのはもちろんのこと、「高校生にとって本当に魅力的な大学とは何か?」「具体的にどうすればそんな大学を実現できるか?」を調査・提案し、実現のサポートをすることも、そのデザイン会社の仕事の領域となってきます。やれること、やるべきことは、限りなく出てきます。

ところが、「顧客中心主義」について悩んでいる企業がよく陥りがちなのが、「仕事を発注してくれるクライアント＝お客様」と捉えてしまうことです。これは短期的に良い関係を築けたとしても、長続きはしません。良い結果が出ないからです。

さきほどのデザイン会社を例に挙げれば、

「大学側が『とにかくこういうデザインにしてほしい』と言うのだから、そのとおり修正しよう」

「大学側が『ここまでしか予算が出せない』と言うのだから、その金額で飲むしかない」

といったやりとりが行われてしまいます。

もちろん、プロジェクトには予算や締切などさまざまな制約条件がありますが、「真のお客様」である高校生の存在を抜きにして、クライアントの意見だけを聞いても意味はないのではないでしょうか。

株主に屈することなく啓蒙し続けたジェフ・ベゾス

ジェフ・ベゾスは「真のお客様は誰か?」という本質的な部分を非常によく理解している人だと思います。

株主、従業員、取引先、顧客など、企業を取り巻くすべての利害関係者のことを総称して「ステークホルダー」と呼びます。皆さんご存じのように、アメリカは日本よりもはるかに株主の発言力や影響力が強い社会です。

そんな中で、ジェフは創業以来一貫して株主に「アマゾンのサービスを実際に利用してくれるカスタマーたちの使い勝手を良くすることに投資をしていきたい。それが株主である皆さんの所有する株の価値を上げることになるのだから」と言い続けました。それは1997年の株主レター（40ページ参照）からブレることがありません。そんなアマゾンの企業姿勢に共感し、短期売買に走らず長期保有する株主が増えることで、株価も安定成長を続けられます。

ですから、「何をどう変えていくか？」の根拠を私たちは「真のお客様」に求めるべきだと思います。

B to Bのビジネスモデルの場合、「真のお客様」とは「お客様のお客様」を指します。

「お客様のお客様」が本当に求めているのは何かを知り、ビジネスを創造する——あなたの会社の存在意義も劇的に変化します。

アマゾンの「顧客中心主義」は、あなたの会社の〝正解〟なのか？

ここまで読んでくださった読者の皆さんに、誤解していただきたくないことが1つあります。

少し矛盾すると感じてしまうかもしれませんが……アマゾンの「顧客中心主義」が唯一無二の〝正解〟だなんて、決して思わないでほしいということです。

お伝えしたいメッセージは、「もしも『変われない』と悩んでいるなら、自社の存在意義をあらためて見直してみましょうよ。そこに必ずヒントがあるはずです」ということなのです。

敢えて極端な例を挙げますね。

「素晴らしいテクノロジーを有しているものの、一般的な使い道がわからない」という企業があったとします。高い技術はあるけれど、どう活用していいかわからない——日本企業によく見られる悩みです。

そのような企業が「よし、自社のテクノロジーをいったんすべて忘れて、顧客中心主義でいこう」とすべきなのでしょうか。

非常に難しい面はありますし、曲解しないでいただきたいのですが、「敢えてお客様に歩み寄らない」という方針を立てて、自社の個性を出すこともできると私は思うのです。

「顧客中心主義」が〝唯一の正解〟とは限らない

例えば、

「私たちは、世界最高の技術者集団です。今まで世の中に決して存在しない、誰も思いつかないし、実現できなかったテクノロジーを開発する企業です。それらのテクノロジーをリリースしたところで、我が社のテクノロジーを使いこなせる人は、ほぼ皆無だと思います。ただ、使いこなせたとしたら、あなたとあなたの周囲の世界観は劇的に変わっているでしょう」

といった、かなり振り切った「テクノロジー最優先」の企業理念を掲げる企業があっても良いわけです。いわば市場マーケティングをまったくせず、自分たちの作りたいものを作っているわけですが、崇高な理念よりも熱くなれる理念、つまり「自分たちはこれで行くんだ！　思い切りやるぞ！」と心から思える理念を設定し、ブレずにやり抜くことのほうが大切な気がしています。

アマゾンの「顧客中心主義」は、本当に素晴らしい理念だと思います。けれどもダイバーシティと一緒で、いろいろな理念や価値観のもと存在する企業があるから良いのだと思います。

アマゾンの「顧客中心主義」に対し、あなたの会社はどんな理念を掲げますか？
その原動力となるものは何でしょうか？

「Be Peculiar.」変わり者のススメ

「Peculiar（独自の）」という言葉も、アマゾンで非常に大切にされています。

第2章でも触れましたが、シアトルのアマゾン旧本社（通称Day Oneビル）の玄関横に「アイスベア」と呼ばれている、北極圏のシロクマの骨格標本が飾られています。その標本を囲むガラスには「#Be peculiar（独自であれ）」の文字があるのです。

「Peculiar」を英和辞書で引くと、「独自の」の他に、「妙な」「変な」「奇妙な」「風変わりな」「特異な」「おかしな」などが出てきます。よく日本でも「あの人、ちょっと変わっているよね」などと使いますが、そんなふうにちょっとアブナイ意味を含んでいる言葉なのです。そんなアブナイ意味を持つ言葉「Peculiar」を、敢えてジェフは使っているわけです。

この言葉は、アマゾンの受けてきた「誤解の歴史」と深く関わっています。

たとえ周囲に誤解されても、恐れずに イノベーティブな種を植える

20世紀末の「ドットコム・バブル」崩壊のあおりをうけて、アマゾンジャパンが設立される２０００年頃には、米アマゾン・ドットコムの株価は１１３ドルから５・５ドル程度にまで下落していました。そんな中でもブレずにジェフ・ベゾスは設備投資を加速していきます。そのため、当時は赤字が膨大なものとなり、ウォールストリートの機関投資家なども辛辣な評価を与え、さまざまな経済誌が「アマゾンはまもなく潰れる」「アマゾンの経営手段はおかしい」と書き連ねたのです。

アマゾンが難局を乗り切り、世界中から注目を浴びる企業となった後、ジェフは当時のことを振り返り、よく私たち社員に話をしてくれました。

「その頃、僕は彼らに誤解されてきた」

と。そして、

「忘れないでくれ。あのとき、僕と当時の仲間たちが世間から誤解されるようなイノベーティブなことをやったから、今、花が咲いているということをね」

と続けました。

将来的に花開くもののために、イノベーティブな種を植える――その行為は「今は」誤解を受けるものだ、とジェフは言うわけです。

つまり、ジェフが「Peculiar」という言葉でアマゾン社員に伝えたかったのは、

「風変わりな人になりなさい」

ということではありません。

「イノベーティブなことをやろうとすれば、周囲から風変わりな人と思われてしまうだろう。けれども、その周囲の目に左右されることなく自分たちを信じてやり切ろう」

ということなのです。

第2章でも少し触れましたが、「Peculiar」という言葉をジェフがさかんに使うようになったのは２０１５年頃だったそうです。会社の規模が大きくなり、社員の数が増え、各業界からアマゾンへの採用を希望する人が増えた時期でした。予定調和の中で物事が決まる、成長よりも安定を求める、決断・実行のスピードが鈍る、自分で決めるのではなく誰かの判断を待つ……シアトルのガレージで旗揚げして以来、ベンチャーマインドを持って進んできたアマゾンにとって、〝大企業病〟の初期症状を感じていた時期なのだと思います。

そんな時期に、ジェフは「このままではアマゾンは絶滅する」「世間の目に左右されずに進んでほしい」という強烈なメッセージを出したわけです。

「Peculiarかどうかのテスト」を作成し、社内に浸透させる

では、アマゾンではどのように「Peculiar」という言葉を社内に浸透させていったのでしょうか？

それは「Peculiarであるかどうかのテスト」です。私もそのテストを受けました。YES／NOの選択式で、たしか10問ほどあったと思います。

設問の1つに「カスタマー・レビュー」に関するものがあったと記憶しています。アマゾンで買い物をしようと商品ページにアクセスすると、★マークとともに購入者の感想が記載されていますよね。あれがカスタマー・レビューです。

設問はたしか、

「商品のことを非常に悪く言うカスタマー・レビューが掲載された。このレビューを削除すべきである」

という概要だったと記憶しています。

通常の感覚で言えば、「そんなに悪く言うレビューが掲載されていると、商品が売れなくなってしまう。だから削除すべきである」＝「YES」と考える人も多いのではないでしょうか。有名人のブログなどでも「悪質なコメントは削除する」「そもそもコメントを書き込めないように設定している」などの措置を取っているケースがあります。

ところが、「削除すべきだ」と答えてしまっては、アマゾンの場合〝不正解〟となります。「商品を悪く言うレビューも削除すべきではない」＝「NO」というのが〝正解〟、つまり「Peculiarである」と評価されます。なぜなら、「お客様がその商品を買うか買わないか決めるためには、良い情報も悪い情報も知る必要があるでしょ」とアマゾンでは考えているからです。

一方で「商品を悪く言うレビューも削除すべきではない」という考え方が一定数の人に反対されることは十分承知しています。もしかしたら、反対意見のほうが多いかもしれません。たとえそうだとしても「本当にお客様のためになるのはどちらか？」という視点で判断するわけです。

その他には、

「商品ページに広告的要素を盛り込む」（答えは「盛り込まない」）

「時には短期的な利益を犠牲にして、長期的な投資を喜んで行う」（答えは「喜んで行う」）

などがあったと記憶しています。

世間的には非常識に思える（特にアメリカでは商品ページで商品の良さを広告しないなんてあり得ない判断ですし、短期的な利益を犠牲にするという考え方もあまりありません）けれども、アマゾン的には正しい――具体的なケースを挙げ、クイズ形式にして社員に浸透させたのです。

創業の頃はベンチャーマインドに溢れていたのに、会社が大きくなるにつれ、薄れていく――業種・業界を問わず、よく耳にする悩みです。

そんなときこそ、強烈なメッセージや、社員に気づきを与える仕組みが大きな効果を発揮するのではないでしょうか。

影響力を発揮できる存在だから チェンジ・メーカーになれる

自分たちが変わり続けるためには、「周囲を変える影響力」を持つ必要もあると私は思っています。

そういう意味で、ジェフ・ベゾスの「果敢な先行投資によって業界のチェンジ・メーカー（変革を起こす人）になろう」という考え方は、社員に浸透し、アマゾンの成長を下支えしてきた思想と言えます。

CDの特典としてDVDを付けるという大胆な発想

私がアマゾンに在籍していた時期にアマゾンがチェンジ・メーカーとなった例とし

ては「ＣＤを買った際の特典」が挙げられます。

それまでは、ＣＤショップでアーティストのＣＤを買うと、そのアーティストのポスターなどが購入特典としてもらえました。アマゾンなどオンラインストアでＣＤを購入するお客様も、そのポスターを当然欲しいと思うわけです。

ところが、ポスターをお客様に手渡せるリアル店舗のＣＤショップとは違い、アマゾンではポスターをＣＤと一緒にお客様に発送するのはとても難しいことでした。なぜなら、ポスターを折るわけにはいかず、丸めて筒に入れるしかないからです。けれども、十数㎝の正方形であるＣＤに対し、何十センチもの筒をつけて発送すれば、送料が恐ろしく高い金額になってしまいます。それは、お客様にとっても、アマゾンにとっても取れない選択肢だったわけです。

そこでアマゾンは何をしたか？

「ＣＤとサイズ感が変わらないもので、お客様が喜んでくれる特典は無いだろうか？」

と考えることにしたのです。梱包物のサイズはコンパクトになって、送料は「ＣＤを発送するのと同額」になります。送料の問題をクリアした上で、今以上にお客様が喜んでくれるのなら、カスタマー・エクスペリエンスは向上したと言えるわけです。

そしてアマゾンが行き着いたのが、「購入特典としてＤＶＤを付ける」というものでした。アーティストのライブ映像などが見られるＤＶＤがＣＤ特典として付いているのは今でこそ当たり前となっていますが、これはアマゾンが知恵をしぼった結果生まれたアイデアだったのです。

もちろん、アイデアはレコード会社の方々の協力なくして実現しません。「ＤＶＤを特典として付けたら喜ばれると思います」というアプローチを何度も行い、理解をしていただきました。また、実現後は売上データを示しながら、ＤＶＤ特典付きＣＤのメリットをお伝えし、普及に努めたのです。

余談ですが、「ＣＤ＋特典ＤＶＤ」のセットは、販売方法にも変化をもたらしました。それまでＣＤは、書籍と同じように「再販制度」と呼ばれる制度の下、「販売者（リアル店舗やアマゾン）はメーカー（レコード会社）が決定した価格でしか販売できない」というルールがありました。ところが、ＤＶＤ特典を付けたことにより、ＤＶＤ扱いすることが可能となりました。DVDは「再販制度」が適用されておらず、販売者が自由に値付けして販売することができます。そのため、「CD＋特典DVD」のセットは、販売者（リアル店舗やアマゾン）が自分たちの裁量で自由に値引きできるようになったのです。

値段は商品の売れ行きを大きく左右します。自由な価格設定ができるようになり、DVD特典の期待感とも相まって、ストリーミングなどの普及でCD自体の売れ行きが下降するまで、「CD＋特典DVD」は非常に好調な売れ行きを示しました。

その流れを作ったのが、アマゾンでした。

すでに大きな影響力を発揮していたから提案に乗ってくれた

ただし、「CDの特典にDVDを付けませんか？」と提案し、レコード会社の方々が聞く耳を持ってくださったのは、それ以前にアマゾンがCDを日本一と言えるほど販売し、実績を評価されていたからです。

「CDの特典にDVDを付けませんか？」と提案されたら驚きませんか？ 「CD＝音楽」、「DVD＝映像」で、CDよりもDVDのほうが高価というイメージがあるわけですから、「本体よりオマケのほうが高いのでは……？」などと思われても仕方ない提案だったわけです。

けれども、「アマゾンの意見は無視できない」「判断に迷うがアマゾンが言うなら売れるのだろう」という影響力を持てていたからこそ、一見無謀とも思える提案を聞き、実現してくださったのだと思います。

世の中に大きな反響を起こす革新的なアイデアは「今まで見たことがなかった」アイデアでもあるので、「私たちをどうか信じてください」というところでつながっていくことも極めて重要です。

アマゾンの社員は皆「周囲を変える影響力」を持つことの重要性を認識しています。なぜなら、影響力を持つことで、市場のリーダーになることができます。そうすれば、自分たちが良いと信じる経済モデルを普及できるからです。

2012年、ジェフ・ベゾスが来日した際、私たちアマゾンジャパンの社員と集会をしました。ある社員が「アマゾンの10年後はどうなっていますか？」と質問したところ、ジェフは「おそらく10年後には、我々が築き上げた『顧客中心の文化』が他の企業や産業、組織に受け入れられ、今我々が追い求めているのと同じ理念で活動している組織が生まれてくると思う。そのときアマゾンは、ロールモデルとして、それらの組織の見本となっていなければならないと考えているよ」と話していました。世の中のロールモデルという言葉、その発想に、とても感動した記憶があります。

ＮＯ．１＝影響力を持つこと、とは考えない

ただし、アマゾンは「売上ＮＯ．１」「シェアＮＯ．１」といった表現で自社の業績を示すことはありません。ジェフ・ベゾスはそのような表現を嫌います。「仮に自社がオンラインショッピング業界で売上ＮＯ．１だったとして、それがいったい何だと言うの？　それがお客様にどういう意味を持つの？　『そうか、アマゾンはオンラインショッピング業界で１番なんだ！　だったらここで買おう』とお客様は思うの？」

と考えているからです。中には1番のところで買いたいと思う人もいるかもしれませんが、「そんな自慢よりも、もっとお客様に喜んでいただける情報があるだろ?」というわけです。

なお、よく電車広告や新聞広告などで「アマゾンの〇〇カテゴリーで堂々1位!」などの文言を見かけます。これは、その商品の販売者が発信している情報で、アマゾンが発信している情報ではありませんので、別物と考えてください。

「影響力を持つことの重要性」は常々感じているものの、それがイコール「NO.1」になることではない——というのは、アマゾンの非常にユニークな考え方であり、読者の皆さんの今後の参考になるのではないかと思いました。

HRの信条に添えられた注釈「unless you know better ones…」

アマゾンでは、「Tenets（テネッツ）」というものを大切にします。日本語に訳すと「信条」です。「私たちはこういう信念に基づいて日々の仕事をしていきます」という決意を明文化したものです。

第1章でOLPについて触れましたが、OLPがアメリカの本部が作成したものであるのに対し、テネッツは各現場で自分たちが独自に作成します。2013年頃にアメリカのカスタマーサービス部門が5ヵ条からなる素晴らしいテネッツを作り、「おぉ、これは良いぞ。自分たちも作ろう」となって、世界的に広まっていきました。

カスタマー・コンタクト・テネッツ

①Answer the Question Asked.（質問されたことに答えなさい）
②Reduce Customer Effort.（お客様の努力を減らしなさい）
③Treat Every Customer as a Friend, Have the Right Attitude.
（すべてのお客様を、あたかも友達のように適切な態度で対応しなさい）
④Escalate Systemic Problems.（問題は仕組みを使って報告しなさい）
⑤Solve the Problem.（問題を解決しなさい）

特に注目したいのは、テネッツ冒頭の注釈

このところアマゾンおよび広く世の中で話題になっているのが、人事部門（※人事、広報、法務などの部門のトップはアメリカにいます）のトップ（＝ＳＶＰ／Senior Vice President［シニア・ヴァイス・プレジデント］）であるBeth Galettiさんが２０１８年にメディアに公表した「HR Tenets」です。ＨＲ＝Human Resources、つまり「人事の信条」です。

文章の一部（拙訳）を引用しますが、ここで特に注目していただきたいのは冒頭に

HR TENETS (unless you know better ones...)

人事部のテネッツ（あなたがより良いものを知らない限り……）

Employees come to Amazon to do meaningful work, and we make that easier by removing barriers, fixing defects, and enabling self-service. Applying to, working at, and leaving Amazon should be frustration-free experiences.

社員は意義ある仕事をするためにアマゾンに入社します。そして私たちは、さまざまな障害を取り除いたり、不具合を修正したり、あるいは不具合を社員が自分で修正できるようにしたりすることで、彼らが意義ある仕事をする手助けをします。アマゾンのポストへの応募、アマゾンにおける就業、そして退職は、不快感と無縁の体験であるべきです。

We seek to be the most scientific HR organization in the world. We form hypotheses about the best talent acquisition, talent retention, and talent development techniques, and then set out to prove or disprove them with experiences and careful data collection.

私たちが目指すのは世界で最も科学的な人事組織です。私たちは最高の人材獲得、最高の人材保持や最高の人材開発技術についての仮説を立て、経験や、注意深く集められたデータによってそれら仮説を証明、あるいは反証します。

---------------------------- （中略） ----------------------------

We manage HR as a business, and we must scale faster through technology and simplified processes rather than through HR head count growth. We rigorously audit ourselves to disrupt and reinvent HR industry standards.

私たちは人事をビジネスとして管理しており、人事担当者数を増やすのではなく、テクノロジーと簡素化されたプロセスを通して早い成長を実現します。私たちは人事業界のスタンダードを打破し再構築するために、自分自身を厳密に監査します。

We favor straightforward, two-way communications. When we talk about our work, we use plain language and specific examples over generalizations and corporate speak.

私たちが嗜好するのは率直かつ双方向のコミュニケーションです。自身の業務について説明する場合は、シンプルな言語を選び、具体的な例を引用し、企業として統一された話し方で行います。

ある（ ）内の注釈です。

「大事にはしたいが時代や環境に応じて変えるべき」というメッセージ

冒頭の（ ）内に記載されている注釈「unless you know better ones . . .」、これは「もっといいのがあったら教えてね」といった日本語訳が、感覚的にはしっくりきます。つまり、「みんなで考えてこれがベストなのかと思うけど、これって絶対じゃないから。時代や環境によって変わってくることがあるからね」という含みを持たせているわけです。この注釈に、私はアマゾンの「変わり続けよう」という意志をあらためて感じます。

多種多様な人材が活躍するアメリカの企業では、「明文化する」という行為は日本人が想像する以上の重みを持っています。明快な言葉によって多様な価値観をまとめ、ベクトルを統一していきます。ただ、それだけに「絶対的なもの」「不可侵のもの」となってしまい、その言葉に縛られてしまう危険性も当然出てきます。「すごく大事だけれど、でも必要とあれば変えていいもの」という絶妙のバランスを作り出したのが、冒頭の「unless you know better ones . . .」の注釈だと思うのです。

最近では、テネッツ、クレドなど、「信念」「信条」を明文化する企業も増えているようです。

非常に大事なものではありますが、「時代や環境に応じて変えるべきときは変える」という客観的・俯瞰的な視点が加わると、変化や成長はさらに加速するのかもしれません。

「Out of Scope」で会議をスムーズに進める

決めることが多すぎてなかなか先に進まない――という事態に陥るのを予防するために、アマゾンでは「Out of Scope（アウト・オブ・スコープ）」という言葉がよく使われます。

わかりやすく説明するために架空の例を挙げます。

「電子マネーを決済手段の1つに加えたい」というアイデアを思いついた社員がいたとして、その人物をリーダーとしたプロジェクトが立ち上がったとします。

このアイデアに関して会議をしていたら、上司の一人が「今話題の仮想通貨についてはどうなんだ？　仮想通貨も検討要素に加えるべきなんじゃないか？」と言い始めました……。

これは非常に極端な例ですが、何かについて議論しているときに、「それを検討するならこっちについても検討すべきじゃないか」と議論すべきテーマを拡張してしまい、あれもこれも検討しなくてはならなくなり、プロジェクトが停滞してしまう――という笑えないケースをよく耳にします。

議論しただけ、時間のムダ。

結局、何も変わらなかった。

これは、いろいろな企業が抱える悩みの1つではないでしょうか。

そのような事態を防ぐために、アマゾンでは会議資料に「Out of Scope（アウト・オブ・スコープ）」についてあらかじめ明記します。スコープとは「範囲」のことですから、アウト・オブ・スコープの意味は「範囲外」という意味になります。「このプロジェクトにおいて、これについての話題は出さないでくださいね」と釘を刺すわけです。

このルールを徹底するだけで、議論の散乱が防げますし、プロジェクトの進行は劇的にスムーズになるのです。

「Out of Scope」を判断するのは誰か？

余談になりますが、アマゾンでは「アイデアを思いついた人が、プロジェクトリーダーとなり、会議資料の作成、会議の進行役を担う」という大前提があります。OLPにもあるとおり、全員がリーダーであり、当事者であるべきだからです。これまでの経験などを鑑みて「すべてを一人で担当するのは難易度が高そう」と判断したら、上司が一部サポートすることはもちろんありますが、あくまでもプロジェクトの主体者は「言い出しっぺ」なのです。

ですから、「本プロジェクトでは何が『Out of Scope』なのか？」を判断し、会議資料に盛り込むのも、アイデアを思いついたプロジェクトリーダーの役割となります。

アマゾンの「発案者がリーダーとなる」という基本方針は、社内会議をスムーズに進行し、プロジェクトをスピーディーに推進する大きな原動力になっています。

ロボットやAIが代替可能なことはすべて任せる

アマゾンには「AIやロボットに任せられる仕事があれば、すべてを任せよう。人間は、人間にしかできないことをやろう」という意識が徹底しています。このような意識が徹底されていると、社内のシステムや業務内容が変わり続けることが当たり前になってきます。

2016年、神奈川県・川崎市にある国内13番目の物流拠点「アマゾン川崎FC（フルフィルメントセンター）」に、国内では初めて「Amazon Robotics（アマゾン・ロボティクス）」のシステムが導入され、大きな話題となりました。

お掃除ロボットのような形をした自走式ロボットが倉庫内を指示どおりに動き回

り、出荷する商品を棚ごと運んできます。それまでは「ピッカー」と呼ばれるスタッフが棚の前まで行き、出荷する商品をカートに1つ1つ積んで……というやり方だったのですが、ピックアップという作業がロボットに代替されたわけです。

また、２０１８年には、アメリカのシアトルで無人コンビニのAmazon Goがオープンし、世界的に大きな話題となりました。Amazon Goのスマホアプリをダウンロードしておくだけで ＯＫ。ＱＲコードをスマホに表示させてゲートで読み取らせれば入店できます。店内にある商品を自分のエコバッグに詰めて、そのままゲートを通るだけ。お店を出た数分後にはスマホにレシートが届く……という仕組みです。これを可能にしているのは、店内の天井や棚に設置された無数のカメラやセンサー類です。買い物した商品および点数を動画で解析し、決済しています。Amazon Goでも、レジ打ちの作業がＡＩにより消失したことになります。

倉庫のロボット化、コンビニの無人化を推進

世の中の人たちは、このようなニュースを聞くと、大胆な施策をすると感じるのではないでしょうか。中には「ロボットやＡＩに人間の仕事を奪わせるなんて冷酷だ」という印象を抱く方もいらっしゃるかもしれません。

ただ、このようなニュースに接しても、アマゾンの社員はまったく驚きません。「ＡＩやロボットに任せられる仕事があれば、すべてを任せよう。人間は、人間にしかできないことをやろう」という意識が徹底しているので、「新しいテクノロジーにどんどん任せよう」と思っているからです。

また、アマゾンがロボット化、ＡＩ化を推進する大前提に「社会問題の解決の視点」があることも社員は理解しています。

例えば、物流においては入出荷、運送など、さまざまなプロセスで問題が生じています。「荷物量は年々増大しているのに、働き手はどんどん減っている」というアンバランスが最大の原因です。ロボット化、ＡＩ化は、年々深刻化するだろう社会問題を解決するための取り組みの1つとアマゾンでは考えているのです。

宅配のプロセスでは「ラストワンマイル（最後の1マイル）問題」と呼ばれる悩みが大きな話題となっています。深刻な人手不足の一方、どんどん増えていく荷物量、そんな状態で何度も再配達しなければならず……宅配の方々も疲弊してしまいますし、荷物の到着を待つお客様にとってもメリットは1つもありません。

そのため、アマゾンはさまざまな解決手段を模索します。荷物の配送予定時刻をお客様にメールでお伝えしたり、不在時にも配達可能な「置き配」というオプションを設定したり……。ロボット化、ＡＩ化という点で検討しているのが、ドローンによる配送です。さまざまな見地から日本でのサービス開始はまだ難しそうですが、アメリカでは２０２０年9月に米連邦航空局（ＦＡＡ）から、ＵＰＳ、アルファベット子会社のWingに続き、3社目の航空運送業者としてドローン配送開始の認可を得て、ドローン配送に本格的に乗り出そうとしているようです。

アマゾン社員が、

「新しいテクノロジーにどんどん任せよう」

「アマゾンが社会問題を解決するロールモデルになろう」という高い意識でロボット化、ＡＩ化を受け入れていることは確かです。けれども、それは「人間ならではの仕事とは何か?」という問いを内包しつつ仕事と向き合う必要があるということでもあります。

会社が変わり続けるためには、経営者だけでなく、すべての社員が、常に自問し、時代に合わせて自分自身をアップデートしていかなければならないのではないか――私はそう思っています。

第 5 章

「変わり続ける現場」を創る仕組み

アマゾンが参考にした「Change Management」の概念

日々の仕事の中で全社員が「変わり続けるための行動」を習慣的にとるためには、どのような仕組みや制度を導入すれば良いのか？

この第5章では、そのヒントについて解説していきます。

まず初めに紹介するのが、アマゾンで導入していた「Change Management（チェンジマネジメント）」の概念です。

「Change Management」とは何か？

「Change Management（チェンジマネジメント）」は、文字どおり「『変化』をマネジメントする」ということ。組織の変化を恒常的に行うためにはどのようにすればいいのかを研究し体系立てたものです。

よく知られているのは、変革のマネジメントとリーダーシップについての世界的権威であり、ハーバード・ビジネススクール名誉教授のジョン・コッターが提唱した「変革の8段階プロセス」というものです。

1980年代初頭の不景気と日本企業の台頭により、当時アメリカの大企業は苦戦を強いられていました。そんな中でも経営再建に着手し、変革に成功した企業が出てきます。ジョン・コッター博士は、100社以上の事例を研究し、変革に必要なプロセスを論文で発表しました。

その8つのプロセスとは、以下のとおりです。

①緊急性の明確化

②強い変革推進チームの結成

③変革ビジョンを決める
④社内全員で共有
⑤社員が動きやすいよう環境を整備
⑥短期的目標の設定と達成
⑦さらなる変革の推進
⑧新しいアプローチを定着させる

ジョン・コッター博士の考え方はアマゾンでも導入されています。ただ、後述しますが、この概念をそのまま導入していたというよりも『変革』と1つにまとめてしまうのではなく、プロセスのどこが課題を抱えているから変革できないのかを分解し把握するべきだ」という考え方を導入したと言った方が正確です。

補足ですが、ジョン・コッター博士は「マネジャーの使命は、リスクを最小限にし、現行制度をうまく機能させ維持することである。一方、変革の実行のためには、新しい制度をつくり出す必要があり、またそのためにはリーダーシップが必須となる」と語っています。

私の調べた限り、「Change Management」という言葉はジョン・コッター博士が使い始めた言葉ではないようですが、ジョン・コッター博士が「変革のためのマネジメント」という概念を世に広めた一人であることは間違いありません。

変革を妨害するチェンジモンスターの存在

「Change Management」の領域では、「Change Monster（チェンジモンスター）」と「Change Leader（チェンジリーダー）」という言葉が出てきます。

チェンジモンスターは、改革を妨害したり、かき回したりする人のことを指します。変化を好まず、現状維持を望む。新しいことにチャレンジしたがらない。経営陣の方針であれば内容を問わずとにかく反対する……。その原因は主に恐れや不安です。そのため、妨害しているという自覚がある人もいれば、無自覚で妨害する側に回っている人もいるので厄介です。

誤解のないように言っておきますが、私は社内の「お目付役」「批評役」の役割を否定するつもりはありません。

なぜなら、そのような立場で物事を見てくれる人がいなければ、深く正しい考察をしないまま組織が暴走してしまう危険性があるからです。

ただ、チェンジモンスターと呼ばれる人たちは、自覚的にその役割を担っているわけではありません。わかりやすい例を挙げれば、「今まで手書きで自分たちが処理していた書類をコンピュータで自動化できることになった」というケースなどでチェンジモンスターは〝誕生〟します。

それまで自分の仕事として手を動かしていた人は「自分の仕事を奪われた」「自分が今までやってきたことは何だったのか?」といったさまざまな感情から、コンピュータシステムの導入に頑なに反対してしまうのです。

会社に所属している人ならば誰でも、そういった「変革に反対する人物」が一定数存在することに賛同してもらえるのではないでしょうか。

一方、チェンジリーダーは、文字どおり先頭に立って変革を推進していく人のこと。チェンジモンスターの存在という大きな課題を抱えながら、より良い未来を創るために組織を変えていく必要があるわけです。

アマゾンが独自開発した「Organization Lever」とは？

アマゾンでは、大学や大学院で教育学や人材教育の学位を取得した人間を採用し、社内でオリジナルの教育プログラムを作成しています。当初は外部から研修プログラムを購入していたようですが、あるときから「自分たちに合ったものを作った方が効果があるよね」ということで内製化したのです。そして、

「変革を起こそうとするには必ず何らかの障害が発生する。その障害をどう取り除いていけばいいのか？」

という課題に行き着きました。

「Change Management」の概念やジョン・コッター博士の理論は非常に素晴らしいものですが、「障害をどう取り除くか？」という部分に対する研究が手薄だったよう

です。そこでアマゾンでは、世界中のさまざまな研究と自社での体験をハイブリッドし、障害を取り除いてプロジェクトマネジメントをスムーズに行うためのフレームを独自開発しました。それが「Organization Lever（オーガナイゼーションレバー）」です。

このフレームの素晴らしさは、まず、

・障害となるものを8つのプロセスに分解

し、その上で、

・社員の心理的抵抗が大きい順にランキング形式で並べてみた

という点にあると思います。

道に大きな岩があり、なかなか取り除くことができない。けれども「Organization Lever（オーガナイゼーションレバー）」を活用すれば、その大きな岩を取り除ける——そんなふうに「テコ」のイメージなのです。

私はシアトルに渡米しリーダーシップ研修を受講した際、この「Organization Lever（オーガナイゼーションレバー）」について学びました。ディレクター以上の職に就く人間が受講する内容だったと記憶しています。

私たちはよく「組織を変える」という表現を使いますが、「変える」という言葉をさらに分解してみると、次の図のように①〜⑧に区別できるのではないか――とアマゾンでは考えました。**このような共通フレームを共有しておくと、まず「言葉の解釈の相違」は避けられますよね。**Aさんは「社内改革」という言葉を「新たな理念を作ること」だと思い、Bさんは「社員の年収をアップすること」だと思い、Cさんは「コミュニケーションの手段を変えること」だと思っていたとしたら、そもそも話がかみ合いません。アマゾンでは「具体的には8つに分けられるよ」と「見える化」してみせたわけです。

しかも、①〜⑧は「社員の心理的抵抗の強さ」のレベル順に並んでいます。この図は「⑧や⑦など下のほうにあるものは、たとえそれを変えてみても社員の心理的抵抗はそれほど激しくない。けれども、②や①など上のほうにあるものを変えると社員の心理的抵抗はすさまじい」ということを表しています。

心理的抵抗の強さを知っておくと、組織を変えることが今までよりも、楽に、ス

Organization Lever（オーガナイゼーションレバー）
8段階のレバーが組織には存在する

心理的抵抗の強さ（高 ↑ ↓ 低）

1 **Mental Model：メンタルモデル**
価値観、信条、理念、文化

2 **Goals：目標**
ビジョン、戦略、優先順位

3 **Role & Responsibility：役割と責任**
意思決定、組織、役職

4 **Rules & Rewards：ルールや報酬**
ポリシー、規制、報酬、評価

5 **Process：プロセス**
ワークフロー、限定条件、シグナル

6 **Information Flow：情報伝達**
情報アクセス権、コミュニケーション

7 **Metrics：KPI**
インプット vs アウトプット、直接 vs 間接

8 **Resource & Tools：資源と道具**
人、モノ、金、時間、技術

ムーズに行えるようになります。いわば、重いものを持ち上げるのに「テコ」を使える感覚です。オーガナイゼーションレバーの「レバー」は、テコを使うイメージから付いた名前なのです。

心理的抵抗の強さを知っておくと、組織を変えることが今までよりも、楽に、スムーズに行える――これは「逆も真なり」で、**心理的抵抗をなくさなければ組織は変われない**のです。敢えて極論すれば、「組織はなぜ変われないのか？」のほぼ唯一の理由は「社員の心理的抵抗に遭うから」。そう言っても過言ではありません。それほど社員の心理的抵抗を取り除くという行為は変革にとって重要なことなのです。

本書を手に取ってくださった方の多くは「組織を変えたい。けれどもなかなか変わらない」というジレンマを抱えていらっしゃると思います。また、実際に会社や部署、チームなどをまとめる立場として動いていく中で、「どこをどう改善すれば変わるのか？」と頭を抱えていらっしゃる人もいるのではないでしょうか。

オーガナイゼーションレバーの概念を知り、この図を頭に入れておくと、まず**「何**

がネックになって組織がなかなか変われないのか？」をあぶり出しやすくなります。つまり、**問題点**がわかります。さらに、**「どこにどう力を入れれば組織が効率的に変われるのか？」**も見出せます。つまり、**改善ポイント**がわかるのです。

それでは、⑧、⑦、⑥……の順番で、下から各々解説していきます。

⑧ Resource & Tools（資源と道具）

人、モノ、金、時間、技術……そういったものを変えることで、組織を変えられます。

例えば、人。「どうしてもチームの仕事が回らない」というときに、「新しい人を採用して加わってもらう」ということも人に関連することですし、「プロジェクトが思うように進まない」というときに「外注先を変更する」というのも大きな意味では人に関することかもしれません。

あるいは、金。「今のままでは目標達成のための施策を実行できない」というときに「予算を追加してもらう」というのは、その一例です。「スキャナーが少なくてスキャンするのに時間がかかる」というときに「予算を捻出してもらい、スキャンを購入する」というのは、モノと金に関連することです。

人、モノ、金、時間、技術……そういったものがネックとなって仕事の生産性などが落ちている場合、アマゾンでは「すぐに変えなさい」という考え方を持っています。典型的なのがノートパソコンです。社員が1台ずつ供給されていますが、数年程度で新しいものに切り替えています。「旧式のパソコンを使って『読み込みが遅い』とか『フリーズしてしまった』などと悩んでいるくらいなら、最新式のものに取り換えてサクサク仕事したほうがよっぽど良いでしょ」という考え方があるからです。ＯＬＰ（57ページ参照）の一条に「Frugality（質素倹約）」があるアマゾンですから、「そのほうが安い」という費用対効果はきちんと計算した上での買い換えです。

人、モノ、金、時間、技術……は、⑧の最下位の位置付けからもわかるように、「社員の心理的抵抗」は非常に低いのです。つまり、「それらを導入しても社員から

『やめてくださいよ！』と言われづらい」ものです。そのため導入に対してあまり慎重になる必要がなく、適宜導入することでスムーズかつ迅速に組織を変えていくことができます。

ただ、2点補足があります。

1つは、**「現場が求めていないものを導入しようとすれば社員の心理的抵抗は大きくなるだろう」**ということです。

先述しましたが、どうしてもチームの仕事が回らないときに新しい人を採用して加わってもらうというのであれば、誰も抵抗せず、その変化は歓迎されると思います。ただ、「仕事は今うまく回っているのに、役割もはっきりしないまま新しい人が加わってきた」とか「必要な知識や能力を持たない人が加わった」というのであれば、現場のニーズとはズレているので歓迎されず、その変化を受け入れない可能性は高くなります。

もう1つは**「人、モノ、金、時間、技術……の問題のように見えて、実はそうではないというケースには注意が必要」**ということです。

チェンジモンスターのところで例を挙げましたが、「今まで手書きで自分たちが処理していた書類をコンピュータで自動化できることになった」というケースで〝誕生〟するチェンジモンスターは、コンピュータという技術に対する心理的抵抗があるのではなく、「自分の仕事を奪われた」「自分が今までやってきたことは何だったのか?」といった価値観、つまり第3位の「Role & Responsibility」や第5位の「Process」レベルでの心理的抵抗を示している可能性があります。だとすれば、その人が変化を受け入れるのはなかなか難しいかもしれません。

⑦ Metrics（ＫＰＩ）

ＫＰＩ＝Key Performance Indicatorは、日本語では「重要業績評価指標」などと訳されます。アマゾンではＫＰＩのことを「Metrics（メトリックス）」と呼んでいます。

メトリックス＝ＫＰＩの作り方については次項で後述しますが、「現場レベルまでのＫＰＩは存在しない」という企業も多いようです。けれども、その状態では、社員が何をどう頑張れば良いのかがわからないので、「変わり続ける力」を維持・発展させることができません。

それまで「みんなできるだけ早く終わらせよう」というあいまいな目標しかなかった作業があると仮定します。その作業を、チームメンバーのＡさんは1分で、Ｂさんは10分でやっているとします。このとき「チームのみんなにとって最適な目標値はいくつか?」を考えて設定します。例えば、「この作業は2分以内に終わらせればＯＫということにしましょう」と決めてみる。すると、チームメンバーは皆2分以内に終わらせようとして行動が標準化されていきます。

余談ですが、すでに1分で作業を終えていたＡさんはどうなるでしょうか?「1分でやっても、2分でやっても、評価は同じ」なのだとしたら、Ａさんは2分でやるようになるかもしれません。そうならないようにするための評価の仕組み（Ａさんは別の仕事に移る、指導する側に回るなど）はもちろん必要だと思います。

生産性向上だけでなく品質向上においても同じことが言えます。「常に良いものを作ろう」といった曖昧な言葉ではなく、「まずは品質不良0・5％を目指しましょう。

それをクリアしたら次は0．3％を目指しましょう」と伝えた方が、目標が明確になり、品質向上につながります。

このKPIを変更することは、そもそもの会社の目標や部門の目標ときちんと整合性がとれていればそれほど抵抗を受けるものではありません。ただし、必要以上に高い要求や、その部門や個人では達成できない目標を藪から棒に与えてもうまくはいきません。理にかなったKPIを策定することが重要となります。

⑥ Information Flow（情報伝達）

情報アクセス権、コミュニケーションの取り方などが、この⑥に該当します。

①〜⑧の下から3番目にあることからもわかるように、今までのやり方と変えても社員の心理的抵抗はあまり強くありません。

情報アクセス権やコミュニケーションについては、アマゾンは「情報にヒエラルキー（階層）を持たせない」という考え方をしています。日本の企業などでよく見られるのは「この情報は部長までしか流さない」「この情報は課長までしか流さない」といったように「〜まで」といった情報の流し方です。アマゾンではこのような流し方はしません。業務を遂行していく上での情報は、メーリングリストを使って関係者全員に一斉送信するようにしています（ただし、会社の株価に重要な影響を与える事実など特定の情報は除きます）。

それはなぜか？

情報にヒエラルキー（階層）を持たせてもデメリットが上回るからです。

第一のデメリットは、**課題解決に加われる人数の問題**です。関係者の一部しか知らないよりも全員が知っていた方が、何か問題が発生したときに建設的な意見が出やすくなるのは明白です。

第二のデメリットは、**上司が自分の職務を勘違いする危険性**です。上司の役割は部下のパフォーマンスを最大限に引き出すための環境作りをすることです。ところが、「一部しか知らない情報を知っているという特権を維持し、その情報格差によって自分の立場を誇示する」という〝誤った職務〟に勤しむ人が出てきてしまうのです。そんなことに力を注いでも、組織全体の生産性は、上がらないどころか確実に低下していきます。

つまり、情報アクセス権、コミュニケーションの取り方がよりオープンなものへと移行する際には、今まで特権的に情報に接することの出来た立場の人間の心理的抵抗が大きい可能性があるわけです。

⑤ Process（プロセス）

社内稟議の流れ、決裁権限など、ワークフローやそれに伴う条件を変更することを指しています。⑤に位置しているように、社員の心理的抵抗はなかなか強いものがあります。

わかりやすい例を挙げれば、社内の様々な申請プロセスを変える際などによくみられるものです。担当部門としては現行プロセスに何かしらの問題があり、それを修正するために手順を変更するのですが、現場にとってはそれが非常に煩雑でやりにくいものであるケースなどがあります。

アマゾン時代でも勤怠報告や残業申請、これらは非常に重要であったがためにいくつかの面倒なプロセスを導入したことがありました。でも初期は中々定着せず、人事チームと協力してかなりの啓蒙活動や注意勧告を行わないと浸透していかなかったという経験があります。

そもそもの心理的抵抗感、面倒くさいなぁという気持ちを排除できる導入であればもう少し楽にできたのではないかと今になって思います。逆にその変更を受け入れることでそれが何某かのモチベーションになるような導入方法を設計出来たら非常にスムーズに進んだのではないかと思います。

つまり、心理的抵抗が強い項目は、扱いに慎重さを要するものの、うまく使えば素晴らしい変化を社内にもたらすことができる〝両刃の剣〟というわけです。

最近では、政府の方針とリモートワークの普及が相まって、印鑑の廃止の流れが進んでいます。稟議書に印鑑を押すことも少なくなっていくかもしれません。その流れをポジティブな変化として受け止めて歓迎している人もいれば、「自分の権限が縮小していく」とネガティブに受け止め反発する人もいるでしょう。

　ですから、反発する人の心理的抵抗の強さを冷静に見極めながら社内改革を進める必要があると思います。

④ Rules & Rewards（ルールと報酬）

　ルールは、会社の就業規則など。最近で言えば、「リモートワークＯＫの条件」などが該当します。また、報酬は、給与や賞与や手当など。昇進などの人事評価も該当します。

　④の位置にあるとおり、社員の心理的抵抗がかなり強い項目です。

　２０１９年４月から順次施行された働き方改革は、その典型です。関連法により、残業時間などの見直しを行った企業も多かったことでしょう。時間外労働の上限は月45時間、年３６０時間までと決められましたが、それまでは無制限に残業をしてきた現場からは「１週間にわずか10時間しかない残業で仕事を回せるわけがないだろ！」という声が上がっていました。
また、「給料が減ります」「賞与が減ります」ということも、「世の中がこんな状況だから仕方ないか」と表面上納得する向きはあっても、本音を言えば非常に受け入れがたいことだと思います。

このように心理的抵抗が強い項目なので、うまく使えば人の心を動かすことも可能です。極端な例を敢えてわかりやすく出しますが、「離職率の高い職場で給料をアップしたら人が辞めなくなった」というのは、報酬面を変えたことによって職場に良い変化をもたらした一例と言えます。

２０２０年初頭に全世界を襲ったコロナ・ショックにより、リモートワークは一気に普及しました。ＩＴに関連する仕事をしている知人の多くが「今までリモートワークの導入を企業に勧めても、反応が非常に薄かった。ところが、コロナ・ショックを機に風向きが１８０度変わった」と言います。長年踏襲されてきたルールや報酬は、変える際の心理的抵抗がそれほど大きいのです。

③ Role & Responsibility（役割と責任）

役職、意志決定の権限、責任範囲などが、これに該当します。

トップ3に位置していることからわかるとおり非常に心理的抵抗が大きい可能性があるので、慎重に扱うべき項目です。

例えば、今まで部長として1つの部を統括し、50人の部下がいる人がいたとします。その部長に「課長になってもらい、部下は20人でお願いします」と伝えたら、いったいどう思うでしょうか？

役職が下がる、権限を失う、責任範囲が狭まる……などは非常に心理的抵抗が強いことなのです。

余談ですが、以前あるビジネスパーソンと転勤についての話になりました。その方いわく、

「日本の企業の場合、役割の変更に寛容なのではないでしょうか？　転勤の辞令が出ても、みんな比較的素直に受け入れている気がしますが」

とおっしゃっていました。

私としては「辞令そのものは受け入れている人が多いけれど、心理的には葛藤している人も多いのでは？」という見解です。転勤の場合は家族の生活も大いに関係してきますから、個人の心理的抵抗だけでなく、家族全員の心理的抵抗も含めて考慮する必要があるでしょう。そして、リモートワークを含めて働き方の選択肢が増えつつある今、「転勤に対する心理的抵抗は今後ますます大きくなっていくのではないか？」と想像しています。

ちなみにアマゾンでは、転勤の辞令をいきなり出すことはありません。上司が必ず「ここに行ってほしいんだけど、どうですか？」と事前相談をします。その時点で「いえ、自分は行きたくありません」と言ったら、転勤辞令は出ることがありません。「子供達が今の場所を離れたくないと言っている」「高齢の親の介護がある」など、「何が最良の選択か？」は人それぞれに置かれた状況で変わってきます。上司としては社員のキャリアアップにつながる良い選択だと思って転勤を勧めるわけですが、受け入れるかどうかの権限はあくまでも社員の側にあるのです。

② Goals（目標）

ビジョン、戦略、優先順位などが、これに該当します。第2位に位置付けていることからもわかるとおり、社員の心理的抵抗は非常に強いものがあります。

アマゾンにおいても、心理的抵抗は強かったです。アマゾンでは２００５年までは「80／20」という戦略をもとに在庫を構成していました。アメリカの雑誌『ＷＩＲＥＤ』の編集長であったクリス・アンダーソンが「2割の売れ筋商品が売上の8割を占める」と提唱していたからです。その結果、8割の売上を占める2割の商品に在庫を集中させていました。けれども「80／20」はリアル店舗に特有のものであり、売り場面積を気にする必要のないネット販売の世界には当てはまらない法則だとわかってきたのです。そこでアマゾンは２００６年を境に「Long Tail（ロングテール）」という戦略に転換。ニッチな商品群の合計が売れ筋商品の売り上げを上回ることとなりました。ニッチな商品が少しずつ売れている様子をグラフ化すると生き物の長い尻尾のようになるため、「ロングテール＝長い尻尾」の名前で呼ばれています。

ただ、「80／20」から「ロングテール」への戦略転換では、社内でも大きな抵抗がありました。倉庫での例を挙げれば、多品種少数在庫となるわけですから、現場は「こんなにたくさんの種類のものを少しだけ持っていて本当に大丈夫なのか？」という不安に駆られるわけです。しかも、売れ筋商品が在庫の中心だったときには目に見えて在庫が減っていったのに、そうではなくなります。在庫の回転数は目に見える形で下がっていくので、「戦略転換は失敗だったのでは？」と思ってしまうのです。

最終的にうまく移行できたのは「時間が経ち、結果（売上や在庫の回転数）が改善されていったから」なのですが、マネジメントサイドが導入以前に周到な準備をしていたことも成功の大きな理由の1つです。導入の半年以上前から「ロングテール戦略を取ることで、カスタマー・エクスペリエンス（顧客満足度）はどのように向上するのか？」ということを論理的かつわかりやすく社員に説明していました。

従来の戦略を転換する際は、賛否両論が巻き起こります。ですから、慎重かつ丁寧なプロセスが必要になるのです。

コロナ・ショックを機に、大胆な戦略転換、事業の選択と集中を考えている企業があると思います。スピード感を持って変革することは大事ですが、「社員の理解を求めるには一定の時間が必要」という認識も併せ持っておいた方が良いでしょう。

また、優先順位を変える際も、戦略変更の際と同様に社員の心理的抵抗を慎重に考慮する必要があります。

わかりやすい例で言えば、今までは「お客様の課題解決を重視した営業」だったのに、「売上を重視した営業」に変わったとしたら、「お客様の課題解決＜売上」へと優先順位が変化したことになります。この場合も「お客様の課題解決を重視する会社だったから好きだったのに……」といった声がたくさん出てくるのは必至です。

① Mental Model（メンタルモデル）

企業理念、企業文化、価値観、信条……などがこれに該当します。

仮にアマゾンが「今日から顧客中心主義を捨てて利益中心でやろう」と宣言したら、アマゾンの社員はどのような反応を見せるでしょうか？　ほとんどの人が辞表を出して会社を去っていくと思います。それほど強烈なインパクトを持っています。

私は第4章で「アマゾンの『顧客中心主義』は、あなたの会社の〝正解〟なのか？」という項目を立てました（169ページ参照）が、これもまったく同じ理由からです。アマゾンの顧客中心主義は個人的には素晴らしいものだと思いますが、ある企業の経営者がある日突然「お、それはいいな。明日から我が社の企業理念として取り入れよう」と考えるのは絶対に避けるべきです。図の①〜⑧の最上位にあることからもわかるとおり、メンタルモデルは企業のアイデンティティに関わるものなので、変わることに対する社員の心理的抵抗は最も大きいからです。

もしも変えるのであれば、じっくり時間をかけて社員と「なぜ、どのように変えるのか？」「変えることによって、どんな将来を目指すのか？」を共有し、信頼感を醸成しながら進めましょう。そうでなければ、組織の崩壊に繋がりかねません。

「合併したものの企業文化が違いすぎてうまくいかなかった」という話をよくニュースなどで目にしますが、メンタルモデルに関わるものはそれほど心理的抵抗が大きく、慎重な扱いが必要なのです。

当然ながら、大胆な変革を行う際に活用するケースも見られます。「旧来の価値観で仕事を進める取締役を一掃し、新体制でやり直したい」といった場合は、企業理念などの刷新が効果的かもしれません。

Organization Leverを利用するときのヒント

以上が「Organization Lever（オーガナイゼーションレバー）」についての説明でした。いわば心理的抵抗の種類と度合いを「見える化」したわけですが、いかがだったでしょうか?

先述しましたが、この図が頭にあると「変われない原因はどこにあるのか?」が把握でき、「もしも変えた場合の社員の心理的抵抗はどのような大きさなのか?」も想定できます。

なお、私は以下の3つを利用時の大事なポイントとしてお伝えしています。

その1／アプローチの仕方……全体的にアプローチする必要がある。複数のレバーに働きかけを！

その2／アプローチの順番……最も抵抗の少ないレバーから動かす。最初に成功を収めるのが肝心！

その3／アプローチのタイミング……進みの遅れや限界、様々なパターンを発見し、介入する！

まず、**「その1」について**の解説です。

企業が「変われない」という問題を抱えているとき、その要因を正確に見極め、解決・改善すれば、今まで変われなかった職場が一気に変われますよね。だからこそ「要因を取り除くこと」を「テコ＝レバー」と例えるとしっくりくるわけです。

その要因が1つだけならとてもわかりやすいのですが、実際の現場では要因は1つだけではなく複合的です。例えば、「⑤プロセス」と「⑦ＫＰＩ」に要因があったり、「②目標」と「④ルールと報酬」に要因があったり、あるいは「③役割と責任」「⑥情報伝達」と「⑧資源と道具」に要因があったり……といった具合です。

　ですから、全体を見渡し、複数の要因を見極め、アプローチする必要があるのです。

　次に**「その2」について**です。

　①～⑧の図を再度思い出してください。下にいくほど社員の心理的抵抗が小さいので難易度が低く、上へいくほど心理的抵抗が大きいので難易度が高くなります。「③役割と責任」「⑥情報伝達」と「⑧資源と道具」に要因がある場合、⑧→⑥→③の順でアプローチをする必要があります。なぜなら③を変えるよりも⑧を変える方が成功する確率が高いからです。

　最初の⑧で成功、つまり変えたことで良い結果が出て初めて社員が納得してくれます。すると、次の⑥を変えることに対する心理的抵抗のハードルを下げてくれるのです。逆を言えば、最初に失敗をすれば「ほら、やっぱりうまくいかないじゃないか」と思われてしまい、変革はその時点で頓挫してしまうのです。だから、最初が肝心なのです。

最後に**「その3」について**です。

現場を変えていくには、変革者の介入のタイミングがとても重要なのです。

必要なのは、まず現場をよく観察し、「どういうときにどういうトラブルやアクシデントが起き、うまくいっていないのか?」ということをしっかりデータで把握することです。よく見られがちなのは「とにかく変えたい、今よりも変えたい」と思いが先走り、現場をよく観察せずにいきなり変えようとしたり、たった一度だけ観察して「ここが問題だ」と早合点して変革を進めようとしたり……といった失敗です。

大切なのは、変革しようとする側の、現場への深い共感や敬意です。これがないと、適切なタイミングをつかめず、変革は失敗に終わる可能性が高くなりますので注意してください。

上司への報告・相談にも使える

私は、この図から学んだことを、現場の変革だけでなく上司との交渉にも活用していました。上司に「今、こういう課題を抱えているので、部署内のRole & Responsibility（役割と責任）を大きく変えたいと思っているんです。でも、心理的抵抗はすごく大きいと思うので、上司としてこんな配慮をしてもらえませんか？」といった形でポイントを明らかにした上で報告・相談が出来たのです。また、上司も同じ図が頭に入っているのでイメージを共有しやすく、判断も迅速かつ正確に行えるのです。

変革の現場で大きな威力を発揮する「テコ」。
ぜひ上手に活用してください。

ＫＰＩが存在しなければ「変わったかどうか」が測れない

私の既刊書で何度も触れてきましたが、ＫＰＩ（Key Performance Indicator／キー・パフォーマンス・インジケーター）の重要性についてはあらためて本書で解説させていただきます。アマゾンでは、ＫＰＩのことを「Metrics（メトリックス）」と呼んでいますが、読者の皆さんにとって馴染み深いＫＰＩで話を進めていきます。

ＫＰＩは「重要業績評価指標」と訳されますが、そもそも現場にＫＰＩが存在しなければ社員が「何をどう頑張れば良いのかわからない」という状態です。また経営陣が変革のための施策を打ったとしても、指標が存在しないのですから、「何がどう変わったか測れない」という状態です。いわば無秩序・無管理のカオスですから、次の一手を打つのに**「ＫＫＤ（勘、経験、度胸）」に頼らざるを得なくなってしまう**のです。

アマゾンでは、すべての現場にＫＰＩが存在しています。全アマゾンとしての目標といった大きな数字から始まり、数字はどんどん分解されていきます。最終的には「今週、この倉庫の、このラインで目指す目標数値」というところまで分解され、徹底管理されています。ですから、世界中のどの現場でも自分たちの目標を数字で理解し、目標達成率も数字で把握しています。

私はこれまでに「アマゾンの強みは何ですか？」という質問を多くのビジネスパーソンからいただいてきました。強みの1つとしてお答えするのが「ＫＰＩの徹底」です。ただ、そうお答えすると大半の人が「それだけですか……？」というリアクションを見せます。

まったくそのとおりで、ＫＰＩを徹底することに何のオリジナリティもありません。どんな業種・業界、どんな規模の企業でもすぐに実行可能です。

ただ、私が何度もＫＰＩについて触れるのには主に2つの理由があります。

1つめは、**「KPIの意味を誤解している企業が多い」**ということ。

2つめは、**「KPIの意味を知っていて、導入もしているが、徹底できていない企業がある」**ということ。

このいずれかに該当してしまう企業が圧倒的に多く、KPIの威力（と敢えて書きます）が発揮されていないのです。その結果、「何をどう頑張れば良いのかわからない」「何がどう変わったか測れない」の状態から抜け出せないのです。

KPIの意味を誤解している企業が多い

私は、私のセミナーに参加してくださっているビジネスパーソンや、コンサルタントとして入った企業の社員の方々に「あなたあるいはあなたの部署が達成しなければいけない目標を教えてもらえますか?」と必ず聞きます。

すると、2通りの返事に分かれます。

1つは「そういった数字は特にない」という場合。つまり、目標とすべきどんな数字も存在していない状態です。ただし、これはごく少数です。

もう1つは、「あります。1年間の売上目標が1億円です」といったように、売上、利益額、利益率など、「お金」の数字が返ってくる場合です。この場合がほとんどです。

そして、この**「お金」の数字のことをＫＰＩと誤解している企業が多い**ようなのです。

もちろん金額で測るＫＰＩもありますが、残念ながらＫＰＩは「お金」の数字で表せるものだけではありません。「Performance（パフォーマンス）」という言葉が入っていることからもわかるとおり、「どんな行動をするのか？」ということを数値化したものがＫＰＩです。もしもあなたの与えた数字（あるいは与えられた数字）が「お金」に関するもので、それをＫＰＩと考えていたらそれは間違いなのです。

このような話をすると、「ＫＰＩは存在しませんが、『お金』の目標は各自与えられているのだから、それはそれで良いのではないでしょうか？」と反論する人もいるでしょう。たしかに「何を達成すれば良いのか？」（例えば「1年間の売上目標が1億円」）

は示されていますが、「どう頑張れば良いのか？」がまったく示されていない状態なのです。つまり、「しっかり稼ぐように。でも、稼ぎ方は各々自由に考えてね。1年後に集まったお金を持ち寄ろう」と言っているようなものです。稼ぎ方は各々ご自由に……は、マネジメントとは言えないのではないでしょうか。

ＫＰＩはダイエットを例に考えるとわかりやすい

目標とＫＰＩの違いをわかりやすく説明するのに、私はよくダイエットの例を挙げます。

80kgの人が1ヵ月で77kgまで減量したいとします。

この場合、「1ヵ月でマイナス3kg」がゴールです。ただ、これだけで終わってしまうと「何を達成すれば良いのか？」だけが決まっているだけで、「どう頑張れば良いのか？」が決まっていない状態です。ですから、「どう頑張れば良いのか？」を決めていきます。

ここまではゴールの話。ここから先がＫＰＩに関する話です。

まず、**減量に結びつく行動は何かを考え、選択する必要**があります。ひとくちに減量と言っても、食事制限、プチ断食、ランニング、ウォーキング、水泳……など、さまざまな手段がありますよね。まずは、さまざまな手段の中から１つないしは複数選びます。食事制限とランニングを選んだと仮定します。

その次は、食事制限とランニングについてそれぞれ「どれくらいやるのか？」を決めます。カロリーだけで消費を語るのは無理があるという説もありますが、ここでは敢えてわかりやすくカロリー計算を用います。３キロの脂肪を落とすには２万１０００ｋｃａｌを消費する必要があります。これを１日に換算すると、７００ｋｃａｌです。

では、今よりも１日の消費量が７００ｋｃａｌ増えるようにするにはどうするか？食事制限の場合は「おにぎり４個分」で７００ｋｃａｌ、ランニングの場合は「１日１１０分」だそうです。食事制限とランニングの併用で減量するのですから、なんとなく「今までの１日の食事量からおにぎり２個分減らして、１日55分ランニングすれば１ヵ月後に３kg痩せられるんじゃないか？」という仮説が成り立ちます。

そこで、

- **今までの1日の食事量からおにぎり2個分減らした食事にする**
- **1日55分ランニングする**

これがKPIになるのです。

ご覧になってわかるとおり、体重に関する数字ではなく、「どう頑張ればいいのか?」という具体的な行動が数値化されたものがKPIなのです。

「売上高」を例にKPIの作り方を考えてみる

なお、「ダイエットの例よりも実際のビジネスの例で話をしてくれませんか?」とおっしゃる方もいらっしゃいます。その場合は「すべてのビジネスはY＝f(x)の方程式に置き換えられますよ」という話をしています。

どういうことか?

Yを「売上高」と設定した場合、xは「売上高を左右する要素」を指しています。

これを方程式に当てはめると「売上高＝f（売上高を左右する要素）」となります。

売上高の主要素は、「顧客数」と「コンバージョン率（アクセスしてきた顧客のうち何%が成約に至ったか？）」と「客単価」の3つです。「顧客数は10万人で、コンバージョン率は10%で、客単価が5万円」だとすると「10万×0・1×5万＝5億円」という試算になります。

ここから先が重要です。3つに分解した「顧客数」「コンバージョン率」「客単価」のそれぞれについて、以下のステップで考える必要があります。**「今期の売上目標（方程式のYの部分）を2倍の10億円まで伸ばしたい」という仮定**で考えてみましょう。

①3つのさまざまな組み合わせの中から1つを選んで仮設定する

まず「顧客数」「コンバージョン率」「客単価」の数字をどのように設定するかはさまざまな組み合わせが考えられます。

「顧客数を20万人に伸ばし、コンバージョン率は10%のまま、客単価は5万円のまま」
「顧客数は10万人のまま、コンバージョン率を20%に上げ、客単価は5万円のまま」
「顧客数は10万人のまま、コンバージョン率も10%のまま、客単価を10万円に上げる」

「顧客数を15万人に伸ばし、コンバージョン率を15％に引き上げ、客単価は4万4444円に下げる」

「顧客数は20万人に伸ばし、コンバージョン率は8％に引き下げ、客単価は6万2500円に上げる」

……など、3種類の組み合わせは無限に考えられます。まずはどれでいくのかを1つ仮設定します。

②施策を洗い出し、「どこまで頑張ればいいか？」を数字で決める

仮設定したのは「顧客数を15万人に伸ばし、コンバージョン率を15％に引き上げ、客単価は4万4444円に下げる」だったとします。すると、それぞれの目標数値を達成するための施策を考える必要があります。

具体的には、

・「顧客数」を10万人→15万人に伸ばすための施策（広告、PR、店頭プロモーションなど）をそれぞれ「どこまで頑張れば良いか？」を数字で決める

・「コンバージョン率」を10％→15％に上げるための施策（プロモーションから成約まで

のプロセスの見直し、ウェブサイトの見直しなど）をそれぞれ「どこまで頑張れば良いか？」を数字で決める

・「客単価」を5万円→4万4444円に引き下げたことでマイナスの印象を持たれないための施策（ウェブでの説明、店頭での説明など）をそれぞれ「どこまで頑張れば良いか？」を数字で決める

といったことを行います。

……といった流れなのですが、おわかりいただけたでしょうか？

大事なのは、**「どこまで頑張れば良いか？」を数字で決める**という点です。

例えば、「コンバージョン率を10％から15％に上げるための施策の1つとして、プロモーションから成約までのプロセスを見直そう。皆さん、頑張って！」と言ってしまっては、せっかく数字をブレイクダウンしてきた意味がなくなってしまいます。この場合は「プロモーションから成約までのプロセスを見直せたかどうか？」を測るための数字を設定する必要があります。「前期よりもコンバージョン率を5％アップで

きるよう、新しい説明のしかたのマニュアルを作り、従来の説明のしかたと新しい説明のしかたを並行してテストしながら改善を加えていく。まずは1ヵ月後に先月比3%アップを目指す」といったところまで具体的にしてあげると良いのではないかと思います。

この**「『どこまで頑張れば良いか？』を数字で決め、それぞれの現場に伝えられ、すべての社員がその数字を把握している」ということが出来ている状態が「KPIが存在している」**という状態です。

そして、**「そのKPIを期間内に達成できたかどうか？」「未達であればどのような改善プランを実行するか？」「改善案を実行した結果どうだったか？」という、PDCAがくるくると回っている状態が「KPIが徹底されている」という状態**なのです。

たとえＫＰＩが存在しても徹底できない2つの理由

ＫＰＩの意味を正確に理解し、導入もしているが、残念ながら徹底できていない企業が多いのも事実です。考えられる理由は、２つあります。

1つは、現場のＫＰＩを作る担当である中間管理職の方々が「大きすぎてぼんやりしたＫＰＩを作ってしまっていること」です。それにより、現場で本当に使えるＫＰＩになっていないのです。

「部署全体でこの数字を達成しよう」と言っても、「部署全体で目指すべきことはわかりました。でも、自分たちは何をどこまで頑張ればいいのでしょうか……?」という状態――これはいろいろな企業にコンサルタントとして入って目にしてきました。

そこで私は中間管理職の方々に、牛の切り分けに例えて説明を行っています。

「会社全体の目標をまるまる牛1頭だとしますよね。あなたは、そのうちのハラミの部分を切り分けられたとします。マネジメントする立場の中間管理職の皆さんの非常に重要な役割は、そのお肉を食べやすい大きさまでさらにカットして各現場の皆さんに届けることなのです。ご自身ではかなり小さく切ったつもりでも、まだまだそのお肉だと大きすぎるのです。もっと小さいサイズにしないと、社員の皆さんは食べにくいんです」

と伝えます。

あくまでもイメージの話ですが「ＫＰＩを作っても現場でうまく機能していないのはそれが理由だったのか！」と気づいてくださる方はとても多いです。

もう1つは、第3章の「失敗の確率を最小限に抑えるアマゾンのルールや仕組み」でも触れましたが、日本企業でよく見られるのがＰＤＣＡの「ＰＤ」に重きを置いて「ＣＡ」を軽視してしまうところです。

ＫＰＩは、設定（Plan）し、それを目指して実行（Do）しただけでは、まったく意味がありません。ＫＰＩを仮設定し一定期間実行した後、「このＫＰＩが最適なのか？」という検証（Check）を行い、場合によっては再設定（Act）する必要があるからです。

正直に言えば、すべての現場のＫＰＩを設定し徹底する仕組みを習慣化するのは大変です。唯一無二の正解が存在せず、そんな状況で中間管理職の方々が現場の状況を把握した上で細かく仮設定するわけです。

また、成長を促し続けられるようにＫＰＩそのものやＫＰＩの数値を絶えず変化させていく必要があります。ＫＰＩの設定や実行に追われてしまったり、途中で面倒になって設定しなくなったり……といった状況でＫＰＩの徹底が出来ていない企業も多いようですが、非常にもったいないことです。

ＫＰＩが整備されていなければ、何か施策を打っても「何がどう変わったか？」のデータが取れません。今後も「ＫＫＤ（勘、経験、度胸）」に頼った経営を行わざるを得ません。よりいっそうデータ化の進むビジネス市場で致命的な遅れを取ることになります。

ＫＰＩの設定と徹底は、初めこそ大変ですが、習慣化し、いったん軌道に乗れば、現場の生産性を飛躍的に高めます。「ＫＰＩの設定と徹底こそが中間管理職の最優先すべき業務である」という大前提に立ち、会社一体となってＫＰＩの仕組み化を進めると良いのではないでしょうか。

「変わることで社員が得をする」そんな仕組みや制度が作れているか？

アマゾンの「変わり続ける力」の源泉の1つになっているのが、人材採用に対する考え方です。

第1章のＯＬＰのところで触れましたが、その一条に「Hire and Develop the Best」があります。「リーダーは全ての採用や昇進において、パフォーマンスの基準を引き上げます。優れた才能を持つ人材を見極め、組織全体のために進んで人材を活用します」という注釈がついているとおり、「アマゾンを1つ上の段階に引き上げてくれる人材を採用しよう」という大前提で人材を募っているのです。

ただ、「現状＝自分たち」「1つ上の段階＝新しく入ってくる人材」と考えるとわかるように、このような考え方で人材を募ると自分たちよりも優秀な部下が入社してきます。

アマゾンでは、中途採用面接は入社後に直属の上司となる人が面接官として面接に参加します。その際、アマゾン社内に「優秀な人物が入社したら、自分たちの立場が脅かされるかもしれない」という不安が蔓延していたらどうでしょうか？　上司は「この人は〝危険〟だ。自分の立場を奪われてしまう」という潜在意識が働き、不採用の判断をするはずです。

そうならないのは、アマゾンが「自分より優れた人物を入社させるのが、面接官として、上司としての役割であり、人事評価でもそこを見ていますよ」とアナウンスしているからです。

つまり、

「自分より優秀な人物を入社させる＝自分の立場が脅かされ、損をする」

ではなく、

「自分より優秀な人物を入社させる＝自分の評価が上がり、得をする」

という評価制度を敷いているのです。

なお、優秀な部下を持つことになる上司に対して、経営陣は、

「今度入ってくる人がたとえあなたより優秀だとしても、あなたのポジションでさまざまな経験を積み重ねてきたあなたの方が絶対に『一日の長』があるでしょ。だから教えられるんですよ。あなたが優秀なことはわかっているので、安心して教えてあげてください。そして部下が育ったら、あなたは別の役割を担ってくださいね」

といったフォローもしっかり行っていました。

「それをやると得をする」仕組みや制度を作る

「変わり続ける企業」を作るためには、**「変わることで得をする」という仕組み作りや制度作りが非常に重要**なのではないでしょうか。

第3章でも触れましたが、チャレンジせず、失敗せずに無難に過ごした人が高い評価を得る企業であれば、「失敗しない方が得をする」と判断し、社員は誰もチャレンジしないでしょう。時間に応じて残業手当がつく企業であれば、「長時間労働の方

が得をする」と判断し、社員は残業をやめないでしょう。

その一方で、最初に「やります」と手を挙げて取り組んだら、たとえ失敗しても高い評価を得られる企業であれば、「チャレンジした方が得をする」と判断し、社員は積極的にチャレンジするでしょう。内容の質はともあれアイデアを出したら評価される企業であれば「アイデアを提案した方が得をする」と判断し、社員はどんどんアイデア出しを行うでしょう。

経営者の中には「研究職の社員には『社外の人間ともっと積極的に交流してアイデアの種を拾ってきなさい』とよく言うんですが、なかなか実行に移さないで困っています」などと嘆いている人がいます。

そのような話を聞いていつも思うのは、

「社員がその行動をすることによって得をする仕組みや制度が作れていますか？」

ということです。

研究職の社員に社外交流を望みながらも、それは自助努力でやりなさい、つまり「就業時間以外に自分でお金と手間を持ち出して交流してきなさい」ということが多いのです。会社からのサポートがあったとしても「セミナー代や会食代の一部は補助してあげるから行ってきなさい」といった程度のものです。

もしも「就業時間内にどんどん交流してきなさい。オフィスにいると評価がマイナスになります」と大胆に仕組みや制度を転換してみたら、どうなるでしょうか？　研究職の社員はこぞって社外交流をすると思います。

ジェフ・ベゾスの数々の名言の中でも私が好きなものの1つに、

「Good intention doesn't work. Only mechanism works.」

という言葉があります。日本語に訳すと、

「『善意』は働かない。働くのは『仕組み』だ」

という意味になります。

一読するととても冷たい言葉のように聞こえますよね。けれども私は、

「『善意』だけで社員たちは働き続けられない。『仕組み』の土台の上で初めて社員たちの『善意』が発揮されるのだ」

とジェフは言っているのだと解釈しています。つまり、仕組みや制度を作ること

が、経営者やマネジメント層の本来の役割なのです。

それをやることで損をするのであれば、人はその方向へと進んでいかないでしょう。「変わることで得をする」という仕組みや制度は出来ていますか?

佐藤将之（さとう・まさゆき）

エバーグローイングパートナーズ代表取締役/事業成長支援アドバイザー。セガ・エンタープライゼスを経て、アマゾンジャパンの立ち上げメンバーとして2000年7月に入社。サプライチェーン、書籍仕入れ部門を経て、2005年よりオペレーション部門にてディレクターとして国内最大級の物流ネットワークの発展に寄与。2016年、同社退社。現在は鮨職人として日本の食文化の発展に携わるとともに、成長企業での15年超の経験を生かし、経営コンサルタントとして企業の成長支援を中心に活動中。著書に『アマゾンのすごいルール』『アマゾンのすごい問題解決』（宝島社）、『アマゾンのスピード仕事術』（KADOKAWA）、『amazonのすごい会議』（東洋経済新報社）などがある。

アマゾン式《しき》
変《か》わり続《つづ》ける力《ちから》

2021年3月1日　第1刷発行

著者　佐藤将之《さとうまさゆき》
発行者　佐藤 靖
発行所　大和《だいわ》書房
東京都文京区関口1－33－4
電話　03-3203-4511
編集協力　高橋淳二（有限会社ジェット）
ブックデザイン　喜來詩織（エントツ）
本文印刷　信毎書籍印刷
カバー印刷　歩プロセス
製本所　小泉製本

ISBN 978-4-479-79739-5

http://www.daiwashobo.co.jp/